LA JEUNESSE
DE
NAPOLÉON Ier

De 1786 au Siège de Toulon

(RELATION INÉDITE)

Par Benjamin GADOBERT

AUTEUR DRAMATIQUE
OFFICIER DE L'INSTRUCTION PUBLIQUE
EX-CRITIQUE DRAMATIQUE A L'ÉCHO DE L'ARMÉE

PARIS

CHAMUEL, ÉDITEUR

5, Rue de Savoie, 5

1897

LA JEUNESSE DE NAPOLÉON 1ᵉʳ

DE 1786 AU SIÈGE DE TOULON

(Relation Inédite)

LA JEUNESSE
DE
NAPOLÉON Iᵉʳ

De 1786 au Siège de Toulon

(RELATION INÉDITE)

Par Benjamin GADOBERT

AUTEUR DRAMATIQUE
OFFICIER DE L'INSTRUCTION PUBLIQUE
EX CRITIQUE DRAMATIQUE A L'ÉCHO DE L'ARMÉE

PARIS
CHAMUEL, ÉDITEUR
5, Rue de Savoie, 5
—
1897

A Madame la Comtesse RÉGIS DE LA FARE

C'est à la mémoire de mon grand-père, que je n'ai hélas! jamais connu, que j'ai dédié cet ouvrage, et c'est à vous, Madame la Comtesse, que je prends la liberté de l'offrir en le plaçant sous votre gracieux et bienveillant patronage.

J'ose espérer, Madame, que vous daignerez en accepter l'hommage en vous priant d'agréer l'expression de mes sentiments les plus respectueux.

J'ai l'honneur d'être, Madame la Comtesse, votre très humble et très obligé serviteur.

Benjamin GADOBERT.

LA JEUNESSE DE NAPOLÉON IER

De 1786 au Siège de Toulon

PRÉFACE

C'est à la mémoire de mon grand-père Benjamin Gadobert, que je dédie ces pages, et c'est à l'aide de ses notes que j'ai pu reconstituer, en grande partie, cette histoire de la jeunesse du plus grand capitaine des temps anciens et modernes, dont les souvenirs de gloire ne s'effaceront jamais de l'esprit belliqueux du peuple français.

Né à la Louisiane, département de l'Amérique septentrionale, le 11 mai 1762, mon grand-père s'engagea comme matelot le 27 avril 1778. Volontaire le 30 janvier 1779, second lieutenant le 1er mai 1783, c'est entre cette époque et celle où il fut nommé enseigne de vaisseau, le 5 décembre 1791, qu'il connut intimement le jeune Bonaparte.

J'ai là, sous les yeux, ses états de service et je relève ce qui suit, à la colonne ; *Combats et blessures, leur nature. Evénements particuliers. Observations :*

Dans le commencement de la Révolution a servi à Brest, dans la garde nationale.

Nota. — Ses services à Brest, comme enseigne non entretenu, ne sont pas portés dans ce présent état.

A été employé à Paimbœuf, *commandant d'une batterie*, pour repousser les rebelles de la Vendée, et chargé, par ordre du district, d'aller à Dougo arrêter deux chefs de rebelles, expédition extrêmement épineuse, qu'il a exécutée à la satisfaction de ses chefs.

Pris par les Anglais à Sainte-Lucie, lors de la prise de cette île, et passé à la Martinique sur une frégate anglaise.

Nota. — Ayant été expédié à la Nouvelle-Angleterre, portant des paquets au général Rochambeau, lesdits paquets sont parvenus audit général par une embarquation (sic), a resté en Angleterre six ans et demi. Revenu en France le 28 janvier 1811 et mort à Brest le 24 mars, même année, des suites de sa longue captivité. Cet état comporte vingt-six ans, quatre mois, vingt-neuf jours sous voile, en guerre.

Le Commissaire de la Marine,

Grabeuil.

Des nombreuses pièces et lettres qui sont contenues dans le dossier de mon grand père, j'extrais les trois suivantes :

LIBERTÉ ÉGALITÉ

AU NOM DU PEUPLE FRANÇAIS

Pierre-Jean Vanstabel, contre-amiral commandant une division des forces navales de la République. Il est ordonné à l'enseigne de vaisseau Gadobert, provenant du parlementaire *la Révolution*, de passer à bord de l'aviso *le Cerf* pour y faire le service de son grade.

A bord du vaisseau *le Tigre*, ce 21 floréal, l'an IIe de la République une et indivisible.

VANSTABEL.

Nous, commandant en chef de l'armée du district de Paimbœuf, département de la Loire-Inférieure, certifions que le citoyen Gadobert, enseigne de vaisseau, non entretenu, a servi dans cette ville depuis le 12 mars 1793, jusqu'à ce jour, en qualité *d'officier de canoniers*, et nous devons à la vérité d'ajouter qu'il s'y est distingué par son courage et son intelligence et particulièrement à la journée du douze mars, où il commandait une batterie; et dans l'intervalle de ce jour jusqu'à cet instant, il a commandé un petit bâtiment armé pour empêcher la réunion des brigands de l'autre côté de la Loire à ceux de celui-ci. En foi de quoi nous lui avons délivré le présent pour lui valoir et servir en cas de besoin.

Fait à Paimbœuf, le quatre avril 1793, l'an deuxième de la République française.

J... MOURAIN, CHARLES,
Lieutenant de Gendarmerie nationale.

Quant à la pièce suivante, c'est la copie textuelle (que j'ai fidèlement transcrite pour lui conserver toute la saveur du style marin de l'époque, d'hommes plus habitués à se battre qu'à écrire) du procès-verbal, rédigé et signé de la main de mon grand-père, à bord de la frégate anglaise qui le fit prisonnier avec presque tout son équipage.

Gadobert, enseigne de vaisseau, commandant ci-devant la gabare *la Joie*, expédiée du port de Rochefort pour Bayonne, sous les ordres de M. Samson, lieutenant de vaisseau, commandant la gabarre *la Charente*, expédiée pour le Port du Passage.

Aujourd'hui vingt-trois messidor an XIIe, première année de l'Empire français, étant mouillé au Verdon, ce sept au matin, les vents de la partie du N.-E. joli frais.

Le commandant me fit le signal de mettre sous voiles, ce que j'ai de suite fait exécuter, suivant les mêmes mouvements.

A 8 heures 3/4, le commandant étant sous voiles m'a fait le signal de passer à poupe.

A 9 heures, passé à poupe du commandant sous les quatre voiles majeures et les perroquets; il m'a dit de chasser en avant, ce que j'ai exécuté.

A 10 heures 1/4, étant en dehors des passes, le pilote

m'a quitté et, de suite, j'ai fait gouverner au S.-S.-O., ne voulant pas m'éloigner de la côte et filant six nœuds et quart.

A midi et demi, j'ai fait relever Cordouan au N.-N.-E. 1/2 N.; distance de 5 lieues et demie.

A 1 heure 1/2 ma vigie m'a signalé une voile dans le N.-O. du compas, distante de 5 lieues. L'horizon était un peu gras (sic); de suite, j'en ai fait le signal au commandant. Peu de temps après il m'a signalé de prendre mon poste, qui se trouvait de l'arrière à lui. Aussitôt cargué les perroquets, la brigantine et de suite exécuté l'ordre; les vents toujours de la même partie, un peu plus calmes.

A 3 heures, vu le bois du bâtiment aperçu, que j'ai distingué être un trois-mâts, n'ayant pu le distinguer plus tôt, nous présentant toujours l'avant, étant à cette époque dans l'O.-N.-O.

Voyant l'avantage de la marche qu'avait le bâtiment sur nous, je proposai au commandant de virer de bord, l'estimant à 3 lieues sous le vent à nous; il m'a répondu que non et de rester à mon poste.

A 4 heures, reconnu ce bâtiment pour être un bâtiment de guerre; à la même heure, le commandant a fait les signaux de reconnaissance auxquels ce bâtiment n'a point répondu, ce qui m'a persuadé qu'il était ennemi.

Les vents étant toujours au N.-E.-N°., j'ai fait préparé

la batterie et fait passer un canon de bâbord à tribord, voulant avoir une bouche à feu de plus pour le combat et ordonner de bosser partout; de suite tout le monde à son poste et fait donner une ration.

A 5 heures, ce bâtiment nous a fait connaître par sa couleur qu'il était anglais et reconnu frégate; il était, pour lors, à une distance d'une lieue.

Alors, le commandant a fait mettre ses embarcations à l'eau; aussitôt mon équipage m'a demandé à plusieurs fois d'en faire autant, ce que j'ai constamment refusé.

A 5 heures 1/4, le commandant m'a hélé d'imiter sa manœuvre; de faire mettre une embarcation à l'eau, ce que j'ai fait en peu de temps, d'après le désir de mon équipage. Peu d'instants après, me trouvant par le travers du commandant, je lui ai demandé de passer de l'avant à lui.

Mes bonnettes étaient frappées; il me fit réponse que non et de rester à mon poste, ce qui fut de suite exécuté. En mettant tout sur les mâts, après qu'il m'eût dépassé, orienté pour prendre mon poste; fait ensuite remettre tout le monde à son poste et donné ordre de donner une ration.

J'ai gardé auprès de moi M. Dannepoud comme officier, ayant passé à l'examen de M. Monge, pour être capitaine de long cours, afin de surveiller tous les signaux du commandant.

A 5 heures 3/4, la frégate étant à demi-portée, ou deux

tiers au plus de mes canons, j'ordonnai de commencer le feu, ce qui a été ponctuellement exécuté, encourageant mon équipage. (La frégate m'ayant riposté de sa volée m'a coupé le pic et l'étai du grand mât de hune, ainsi que deux boulets dans la brigantine.) Une seconde volée a été tirée, toujours encourageant mon équipage. La frégate me ripostait aussi. Mais quel fut mon étonnement quand je vis l'équipage, laisser la batterie — qui voyant celui de la gabare *la Charente* qui était échouée — s'embarquer avec la plus grande promptitude.

J'ordonnai de faire rendre tout le monde à son poste, mais malgré la résistance de mon brave état-major, ainsi que de mon caporal et celui que j'avais passager pour Bayonne, à qui j'ordonnai de faire feu sur les fuyards, et ce qui a été exécuté par plusieurs coups que chacun a tirés. Rien ne pouvant réussir et voyant ma perte certaine, j'ordonnai de faire côte. Il était à peu près six heures et quelques minutes. De suite les bosses des embarcations furent coupées; je commandai de héler afin de les faire revenir pour prendre ceux qui n'avaient point abandonné leur poste. Et la frégate continuait à toujours tirer. Les embarcations ayant été jetées par les lames à la côte, n'ont pu revenir et le monde s'était retiré dans les dunes de sable pour se mettre à l'abri du feu de l'ennemi.

Mon maître d'équipage, mon maître voilier, ainsi que

le commis aux vivres, voyant l'impossibilité de se sauver, que par la nage, me l'ont demandé, ce que je leur ai accordé.

Nous avons fait côte par la latitude de environ douze lieues de la rivière de Bordeaux.

A 6 heures 1/2, les embarcations de la frégate ont amariné *la Charente* et peu d'instants après sont venues à mon bord.

A 7 heures, elle m'ont conduit, ainsi que mon état-major, à bord de la frégate nommée *l'Aigle*, de vingt six canons de 18, en batterie, et quatorze caronades de 32 sur les gaillards et quatre canons de 9, où j'ai trouvé M. Samson et un de ses officiers. Le commandant de la frégate se nomme... (Le nom est resté en blanc.)

Les prisonniers de la gabare *la Joie* sont les nommés ci-après :

Benjamin Gadobert, enseigne, capitaine commandant.

Élie Boutin, enseigne auxiliaire, second.

Vivien, enseigne auxiliaire.

Jean Dennepoud, enseigne auxiliaire.

Thomas Clanet, agent comptable.

Hyacinthe-Léon Bourdeix, médecin.

Pierre Gollier, caporal d'artillerie de marine, en garnison.

Louis Monnet, caporal, passager pour Bayonne.

Jean Gaillol, soldat, en garnison à bord.

Jacques Blanchard, matelot.
Moïse Guionneau, novice.
Saint-Quentin, novice.
A bord de la frégate *l'Aigle*, le 25 messidor an XII.

GADOBERT.

Après six années et demie de captivité sur les pontons anglais, mon grand-père, rendu à la liberté, est mort de misère et de consomption à l'hôpital maritime de Brest, sans avoir pu trouver la force nécessaire de venir mourir à Rochefort-sur-Mer, où l'attendaient sa femme et ses enfants.

C'est un pieux hommage que je rends ici à sa mémoire en publiant cet ouvrage et c'est un devoir filial que je suis heureux et fier de remplir.

Benjamin GADOBERT.

I

LE LIEUTENANT DES BOMBARDIERS

Trois années avant la Révolution, vers le commencement de janvier 1786, le coche débarquait à Valence un jeune homme, presque un enfant, pâle et chétif, qu'à son uniforme bleu à grands revers rouges et à la forme des aiguillettes on reconnaissait, à première vue, comme appartenant au régiment d'artillerie de la Fère, alors en garnison dans la patrie de Championnet; à peine fut-il descendu du lourd véhicule, qu'un officier du même corps qui semblait l'attendre, s'approcha d'un air de mauvaise humeur et, sans même le saluer :

— Votre nom ? dit-il d'une voix brève.

— Napoléon de Bonaparte, lieutenant en second des bombardiers.

— Nous le savons, répliqua aigrement l'officier; moi, je suis Grosbois, lieutenant en troisième, malgré mes vingt ans de services et mes cheveux gris, ce qui est naturel, du reste, ajouta-t-il entre ses dents, puisque je ne suis ni un noble, ni un savant des écoles.

— Fabert était du peuple et mourut maréchal de France, répondit le nouveau venu.

— Oui, un miracle ! qui arrive dans l'armée tous les cent ans.

— Et qui n'étonne que ceux qui manquent de foi dans la fortune et dans leur énergie.

Ces mots furent prononcés d'un ton ferme et qui révélait une telle force de volonté, que l'officier de fortune surpris changea de manière à l'instant et fit connaître avec une sorte de politesse assez embarrassée et gauche qu'il était là par ordre du capitaine pour conduire son nouveau camarade au logement qu'on lui avait trouvé en ville.

L'autre s'inclina en signe d'acquiescement et ils se mirent en marche suivis d'un bombardier qui portait la petite valise du voyageur, sans échanger une parole. En arrivant à l'angle de la Grand'Rue et de celle du Croissant, Grosbois s'arrêta devant une maison bourgeoise d'assez bonne apparence et dit : « C'est ici. »

Ils entrèrent et furent reçus dans une pièce du rez-de-chaussée par une petite vieille d'une cinquantaine d'années, dont les joues roses et fraîches comme des muscadets attestaient la bonne santé et qui, malgré la vivacité de ses yeux noirs, avait une physionomie pleine de douceur et de bienveillance.

Elle tricotait auprès de la fenêtre et posa son ouvrage en apercevant Grosbois, qui lui dit avec sa brusquerie ordinaire :

— Mademoiselle Bou, voici le nouveau locataire.

— Pauvre jeune homme ! comme il doit avoir froid ! Venez, monsieur, dit-elle en se levant précipitamment, je vais vous montrer votre chambre.

C'était une pièce au premier étage, dont les fenêtres s'ouvraient à la fois sur la Grand'Rue et sur celle du Croissant ; meublée avec simplicité, mais très propre, elle empruntait comme un reflet de gaieté aux lueurs d'un feu pétillant.

Mlle Bou, allant et venant dans la chambre pour tout ranger, avec l'activité fébrile des femmes d'ordre, espérait bien que son jeune locataire qui paraissait glacé et tout morfondu du voyage, allait s'installer devant le feu et la remercier de ses attentions: aussi quelle fut sa surprise de le voir, après un coup d'œil jeté sur la chambre, prendre son manteau et ses gants.

— Eh bien ! dit-elle en l'arrêtant, vous ne vous chauffez pas ?

— Je n'ai pas froid !

— Jésus-Dieu ! il gèle pourtant, et où voulez-vous aller par ce temps?

— Voir la ville !

— N'oubliez pas que les lieutenants dînent à cinq heures, chez le sieur Guy, rue de la Pérollière, à l'hôtel des Trois-Pigeons.

Il était déjà loin et arpentait le méchant pavé de Valence.

Comme par l'effet d'un aimant inconnu qui guidait ses pas, il se trouva bientôt sur les murs de la ville qui auraient très mal défendu cette rive gauche du Rhône, car ils étaient dans un état de délabrement douloureux à voir. La citadelle triangulaire qu'y fit bâtir François Ier l'arrêta quelque temps, bien qu'elle n'eût pas un aspect redoutable, mais il ne put s'empêcher de sourire en hochant la tête, à la vue de l'enceinte bastionnée seulement du côté de Valence, ce qui prouve que les citadelles de la monarchie ne sont pas toutes construites contre l'ennemi.

Malgré la nudité des arbres qui en font, au printemps, une promenade magnifique, il parcourut plusieurs fois le Champ de Mars, et vint s'accouder tout rêveur au parapet monumental qui le termine et le soutient au dessus de la belle vallée du Rhône.

Il y était depuis quelque temps dans une contemplation des plus sérieuses, car l'admirable panorama qui se déroule de ce point semblait l'occuper vivement, lorsqu'un grand bruit de voix irritées le fit tressaillir et l'éveilla comme en sursaut. Tournant la tête, il aperçut une vingtaine d'hommes, en habits d'artisans et armés de longues cannes, qui trainaient un des leurs, garrotté comme un criminel, vers le parapet, en l'accablant de coups et d'injures.

La victime de cette agression était un homme d'une

trentaine d'années, dont le sang-froid et l'air déterminé, malgré le danger qu'il courrait, frappèrent vivement l'officier. Se portant à la rencontre de ces furieux, il demanda froidement quel était le crime de ce malheureux, et ce qu'ils comptaient en faire.

— Ce qu'on veut en faire, bagasse ! s'écria un des ouvriers, avec le rude et guttural accent de la Provence, nous voulons le jeter par dessus ce parapet donc !

— Mais que vous a-t-il fait ?

— Il n'est pas compagnon !

— Et c'est pour cela que vous le frappez et voulez le tuer ?

— Eh ! donc !

— Ils n'ont pas d'autres motifs ? dit vivement l'officier, en s'adressant au malheureux que menaçaient ces forcenés.

— Pas d'autres, monsieur, je vous le jure !

L'officier tourna vers les compagnons son regard sévère, et d'une voix basse et brève :

— Laissez cet homme, leur dit-il.

— Nous ! par exemple !

— Oui, car vous êtes des lâches !

— Des lâches ! nous, compagnons du devoir !

— Oui, des lâches ! Les Français ne se mettent pas trente contre un seul !

Ces paroles les étonnèrent et les arrêtèrent un instant ; mais rendus furieux par le reproche qu'ils méritaient, ils s'exaltèrent de nouveau par des vociférations et des injures et reprirent leur marche vers le parapet.

L'officier tirant alors son épée leur déclara, sans s'émouvoir, qu'il la passerait au travers du corps de ceux qui feraient un pas de plus. Les premiers s'arrêtèrent à la vue du fer ; mais ceux des derniers rangs poussant les autres et brandissant leurs longues cannes, allaient envelopper l'officier et lui faire un mauvais parti, si le hasard n'eût amené de ce côté quelques bombardiers qui revenaient de la manœuvre. En voyant l'uniforme de leur régiment au milieu de ces drôles, ils accoururent, et, sur un signe de leur supérieur, dispersèrent à coups de sabre les Enfants du Devoir. Un seul, un Provençal qui était d'une taille colossale et fort comme un bœuf, essaya de résister.

Les bombardiers l'abattirent pourtant, et l'ayant lié avec les cordes qui garottaient celui qu'on voulait précipiter du parapet, ils l'emmenèrent en prison.

Après leur départ, le malheureux qu'ils venaient de délivrer, prit la main du lieutenant, et la baisant avec respect :

— Monsieur, lui dit-il non sans émotion, vous m'avez sauvé la vie, et je n'ai qu'un regret, c'est de ne pouvoir vous témoigner, comme je la sens, toute ma reconnaissance. Mais si vous passez à Toulon, demandez le bridier Roux et, faudrait-il son sang, qu'il vous le donnerait sans peine jusqu'à la dernière goutte.

— Allez, mon ami, et tâchez de ne plus retomber aux mains de ces sauvages ; et surtout de celui qu'on mène en prison.

— C'est un misérable qui m'en veut mortellement parce que je travaille et qu'il ne fait rien ; que je gagne de l'argent et que sa paresse ne peut nourrir ses instincts de débauches. Aussi lâche du reste que cruel, il n'eût pas osé m'attaquer corps à corps, et c'est en ameutant contre moi les compagnons, pauvres ouvriers aveuglés par leur ignorance, qu'il espérait satisfaire sa haine et se débarrasser de moi.

— Adieu ! dit l'officier, en reprenant le chemin de la ville.

— Et ne manquez pas de venir me voir chez mon père, lui cria de loin le bridier, si quelque jour vous passez par Toulon.

II.

LES PROTECTEURS

Celui à qui il s'adressait, retombé dans ses rêveries, ne l'entendait déjà plus. Insensible, en apparence, au froid, très vif cependant ce jour-là, il errait tête baissée dans les rues de Valence, et, malgré les coups argentins et bruyants des nombreuses horloges qui sonnaient l'une après l'autre, il aurait sûrement oublié l'heure du dîner et l'hôtel des Trois-Pigeons, si le bombardier qu'on avait mis à son service et qui le suivait de loin ne l'eût abordé et conduit rue de la Pérollière.

Prêts à se mettre à table, les officiers s'entretenaient déjà de leur nouveau camarade. Tout devenait événement dans le calme et l'oisiveté de la vie de garnison, les questions pleuvaient sur Grosbois qui finit par répondre en secouant la tête :

— J'ignore si c'est un savant, comme nous le disons de tous ceux qui sortent de Brienne, et s'il fera son chemin dans notre pénible carrière, mais ce que je crois fermement, c'est qu'il y a dans ce jeune homme l'étoffe d'un bon commandant.

— Bah ! cria-t-on de toutes parts.

— Oui, messieurs, je vous le garantis.

— A quoi avez-vous vu cela, Grosbois ?

— A son attitude : il est froid comme un marbre et vous lance un regard qui traverse comme une épée.

— C'est un excellent sujet, tout à fait distingué, et qui fera honneur au corps, ajouta M. de Courty, e premier lieutenant. Il est déjà recommandé aux personnes les plus considérables de Valence, et je dois ce soir même le conduire chez M. l'abbé de Saint-Ruf.

Le nouveau venu entrait sur ces paroles. Il fut reçu avec courtoisie et curieusement observé pendant le repas, que le sieur Guy, l'hôte des *Trois-Pigeons*, petit vieillard poudré et orné d'une longue queue, servait lui-même aux officiers.

Lorsque ces messieurs se levèrent, le premier lieutenant s'approcha de son jeune camarade :

— Monsieur de Bonaparte. dit-il, je suis chargé d'une mission auprès de vous.

Le lieutenant en second s'inclina et demanda si c'était de la part du capitaine.

— Non, M. d'Authume n'attend votre visite que demain, mais M. l'abbé de Saint-Ruf l'attend ce soir, s'il vous plait de m'y accompagner.

Bonaparte s'inclina en signe d'assentiment et ils sortirent.

A peine la porte refermée :

Eh bien, père Guy ! s'écria le plus jeune des officiers, que dites-vous du camarade ?

— Il ne parle pas trop celui-là, dit aigrement Grosbois.

— Non, ajouta un autre, à peine s'il ouvre la bouche.

— Messieurs, répondit le père Guy, en aspirant

l'une après l'autre, deux longues prises de tabac, à table on ne devrait l'ouvrir que pour manger, quand cette table est entourée de militaires surtout. Si chacun en usait comme ce brave jeune homme, il y aurait bien moins de querelles et de coups d'épée inutiles.

— Voyons, dit tout à coup le premier interlocuteur, voyons, père Guy, vous qui êtes physionomiste et aussi fort que Lavater, que pensez-vous du nouveau camarade ?

— Je pense, messieurs, sauf erreur, qu'il ne restera pas toujours dans le régiment de la Fère, en la compagnie des bombardiers.

— C'est probable, mais que pensez-vous qu'il devienne?

Colonel ou mestre de camp, on voit cela dans son regard.

— Le père Guy s'y connait, dit ironiquement Grosbois; il a servi cinq à six mois dans la milice.

— Ce qui n'empêche pas d'y voir juste, trop juste quelquefois, riposta tranquillement le père Guy en regardant Grosbois.

Celui-ci se mordit les lèvres et sortit sans répliquer

au maître d'hôtel dauphinois, dont, sans doute, les prophéties ne lui étaient point favorables.

Pendant ce temps, M. de Courty était arrivé avec son camarade dans la maison où il le conduisait.

L'abbé de Saint-Ruf, véritable chanoine du dix-huitième siècle, réunissait à Valence tout ce qui pouvait à cette époque rendre la vie agréable et facile à l'homme qui vit seul.

Tenant par la naissance aux premières familles de la Provence, il était fort riche et, chose assez rare, avait encore plus d'esprit que de fortune. Aussi, comme tous les enfant gâtés du sort, chez qui la lèpre de l'argent n'a point atteint le cœur, il jouissait de son bonheur en philosophe et eût voulu, tant il était bon, en donner un peu à tout le monde.

Le jeune Bonaparte lui avait été recommandé par l'abbé Reynal, l'auteur de l'*Histoire philosophique des Indes*. Il l'attendait donc avec curiosité et le reçut avec une bienveillance particulière ; la conversation du nouveau venu ayant complètement justifié la bonne opinion qu'il en avait conçue, il se prit pour lui d'une amitié sincère et plus vive qu'on ne pouvait l'attendre de son état, de son caractère et même de son tempérament. Le célibat, en effet, rend égoïste, la grande fortune indifférent, parce qu'on a peine à supposer des souffrances qu'on n'a point ressenties, et le trop parfait équilibre de la santé peu facile à émouvoir. Ceux qui voyaient pour la première fois le digne abbé de Saint-Ruf enveloppé de sa douillette de soie jaune, les pieds sur les chenets et à demi renversé dans un large et moelleux fauteuil à grand dossier n'avaient besoin que de jeter un coup d'œil sur ses joues rebondies et vermeilles, ses petits yeux à demi clos, son nez au vent, ses traits calmes et son triple menton, pour se convaincre que si le bonheur passe vite, il s'arrête aussi quelquefois et se fixe chez ses élus.

Un seul nuage troublait par moments la sérénité d'esprit de l'abbé de Saint-Ruf. Comme tous les hommes intelligents de son époque, qui étaient loin de prévoir l'effet terrible de leur travail, il chargeait en aveugle la mine de la Révolution, excusait Voltaire et Rousseau, les lisait en cachette et pleurait d'enthousiasme en parlant de Turgot et des économistes, ces bons et naïfs précurseurs du centre gauche, si heureux de mettre le feu aux poudres qui doivent les faire sauter.

Les idées de réforme, de rénovation, de changement politique échauffant alors toutes les têtes, ne pouvaient manquer de devenir le texte de la conversation. Tandis que M. de Courty défendait avec chaleur, et peut-être trop de hauteur, la cause de la noblesse, l'officier d'artillerie, tout en reconnaissant qu'il faut des classes supérieures pour servir de piliers à l'Etat, se déclarait franchement pour le peuple. Sa conclusion, appuyée par des raisonnements brefs et logiques, fut tellement du goût de l'abbé de Saint-Ruf que lui prenant la main, il la lui serra avec force.

— Mon jeune ami, dit-il, je suis si content de votre manière de voir que, malgré cette Sibérie, je vais faire une exception en votre faveur et sortir ce soir pour vous présenter à la personne la plus distinguée de Valence, une autre Mme du Châtelet, pleine d'esprit et de connaissances sérieuses.

Il sonna sur ces mots, demanda sa chaise à porteurs, et moins d'une demi-heure après le marteau de la maison de M. Grégoire du Colombier retentissait avec fracas sur la porte bardée de fer, et le laquais de ce gentilhomme ouvrant les portes du salon à deux battants, annonçait M. l'abbé de Saint-Ruf, M. de Courty et le lieutenant Bonaparte.

La pièce où entraient ces trois visiteurs était vaste, haute de plafond et richement meublée. Des tableaux de prix pendaient dans leurs cadres sculptés sur de magnifiques tapisseries à haute lisse au-dessus d'un sopha broché d'or, d'un clavecin de forme antique et d'une console à pieds de biche contournés comme ceux des villes romaines. Le parquet était couvert d'un tapis d'Aubusson et trois grandes glaces en biseau et chargées de dorures réflétaient les feux d'un lustre en cristal de roche et de deux candélabres, vrais chefs d'œuvre d'orfèvrerie, qui brillaient sur la cheminée.

A l'un des coins de cette cheminée en marbre rose où flambait un beau feu d'hiver, se tenait assise, ou plutôt à demi renversée dans un grand fauteuil, une dame âgée d'une cinquantaine d'années, mais à qui la poudre et une fraicheur de teint presque juvénile auraient ôté la moitié de son âge, sans un commencement d'embonpoint et quelques rides légères près des tempes que l'artifice féminin ne peut dissimuler.

De l'autre côté de la cheminée et lui faisant face,

semblait dormir dans son fauteuil un gentilhomme en justaucorps de velours rouge dont l'un des pieds portait sur les chenêts et l'autre sur le dos d'un chien danois étendu devant le foyer. A la table placée sous le lustre brodait une jeune personne grande, blonde, à l'œil noir, au front pur, et charmante malgré la simplicité de sa toilette, car elle ne portait qu'une robe de soie unie et un fichu blanc noué sur la taille à la Marie-Antoinette.

A l'annonce du domestique, le chien avait bondi en aboyant; son maître, éveillé en sursaut, se leva; la dame, qui regardait son écran, tourna la tête, la demoiselle posa sa broderie et l'abbé de Saint-Ruf, tenant le jeune lieutenant par la main, le présenta dans les formes à M*me* et à M. Grégoire du Colombier.

L'accueil fut des meilleurs de la part du maître de la maison, excellent homme au fond, malgré la pente à l'opiniâtreté, qui est le caractère principal des petits esprits.

Quant à M*me* du Colombier, dès que son mari eut repris avec l'abbé l'éternelle partie du tric-trac et qu'elle vit M. de Courty faisant très sérieusement de la tapisserie à la table où était sa fille, elle engagea sur le champ avec le jeune lieutenant, une conversation qui les intéressa si fort l'un et l'autre que la partie de tric-trac était finie depuis longtemps et que M. du Colombier, qui n'aimait pas à se coucher tard, avait déjà plusieurs fois rappelé l'heure, lorsqu'elle prit fin sur l'intervention et les adieux de l'abbé de Saint-Ruf

En baisant la main de sa belle amie, comme il l'appelait depuis trente ans, il lui glissa ces mots à l'oreille :

— Eh bien ! comment trouvez-vous mon protégé ?

— Etonnant, mon cher abbé, c'est véritablement un sujet rare ! et quel sérieux ? quelle somme de connaissances déjà acquises pour son âge !

— Vous verrez ! vous verrez ! reprit joyeusement l'abbé en se frottant les mains, que nous finirons par faire notre chemin dans le monde !

Quand il fut seul avec sa femme, sa fille s'étant retirée un peu après ses visiteurs, M. du Colombier en remontant sa montre fit observer, non sans un peu d'humeur, qu'il se coucherait ce soir-là une heure et demie plus tard que d'habitude.

Mais, comme si elle ne l'avait pas entendu, Mme du

Colombier, qui réfléchissait profondément depuis quelques minutes, lui dit tout à coup :

— Grégoire, comment trouvez-vous ce jeune homme?

— Quel jeune homme?

— Celui que nous a présenté ce soir l'abbé de Saint-Ruf.

— Je le trouve bien maigre et pâle comme un déterré.

— Et voilà tout ce qui vous a frappé, Grégoire?

— Oui, il me semble encore qu'il se courbe beaucoup pour son âge.

— Et le regard ou plutôt l'éclair de cet œil ardent comme celui de l'aigle, et cette physionomie si mobile et si expressive, et ces grands cheveux noirs flottants sur ses épaules, qui s'agitent quand il s'anime, comme la crinière du lion, vous n'avez rien vu de tout cela, vous?

— Allons, allons, murmura M. du Colombier en haussant les épaules, voilà encore un de vos engouements! L'an dernier, c'était ce jeune peintre parisien...

— Sylvestre! il aurait du talent s'il travaillait et vidait son cœur de l'envie qui le brûle comme le fiel, contre tout ce qui est grand, beau et hors de sa portée.

— Ce fut ensuite ce jeune avocat de Grenoble.

— M. Barnave! Je le tiens en très haute estime, mais il y a dans son avenir un point noir qui me repousse et m'effraie pour lui.

Tout en causant, Mme du Colombier s'était levée, et avait pris à la table du salon, la place occupée avant par sa fille; elle retira un jeu de cartes, le déploya sur le tapis et se mit à interroger le destin avec le sérieux des croyants de la cartomancie. Accoutumé à la voir en toute occasion consulter les oracles, son mari la regardait d'un air mêlé de doute et de résignation, et ne fut nullement surpris quand elle s'écria d'un air de triomphe :

— J'en étais sûre !

— Et de quoi ?

— J'étais sûre que ce jeune homme avait devant lui le plus magnifique avenir.

— Bon ! bon ! vous le voyez déjà général !

— Général ! maréchal de France ! prince même, que sais-je ? Il n'y a là, pour vingt ans au moins, aucune borne à la fortune.

— Ma chère amie, vous devenez folle avec vos cartes !

Mais sans écouter son mari :

— C'est Dieu, continua Mme du Colombier, qui, par la main de l'abbé de Saint-Ruf, nous l'envoie aujourd'hui pour Caroline.

— Vous l'avez refusée à ce peintre parisien qui n'a que son pinceau, ce qui n'est pas grand'chose, et vous avez bien fait ; à Joseph Barnave qui a un état et du talent ; à M. de Courty, homme bien né et premier lieutenant, et vous la donneriez à son inférieur ?

— Sans hésiter une minute s'il veut se marier ; c'est un Turenne, mon ami, que ce jeune homme-là

— Mais il n'a que dix-sept ans !

— Qu'importe si, par la raison, il a le double de votre âge !

— Je vous crois, mais en attendant il n'aura Caroline que lorsqu'il sera capitaine.

III

LA VIE DE GARNISON EN 1786

A partir de cette soirée, le jeune Bonaparte fut le commensal favori de la maison du Colombier et l'hôte le plus cher et le plus assidu de l'abbé de Saint-Ruf qui possédait une bonne bibliothèque et s'était empressé de la mettre à sa disposition ; aussi, était-ce là surtout qu'il passait toutes les heures que ne réclamait point les devoirs du service. Passionné pour l'étude et peu liant de caractère, il travaillait sans cesse, rêvait beaucoup, et s'isolant peu à peu du monde et de ses camarades, était aussi avare de ses paroles que de son temps. Cette taciturnité qu'on mettait, au corps, tantôt sur le compte de l'orgueil, tantôt sur la fierté et la rudesse des mœurs corses, lui attirait parfois des scènes assez plaisantes.

Comme il rentrait un jour de la manœuvre, Mlle Bou, qui avait pour son locataire les attentions et les prévenances d'une mère, l'arrêta dans la salle basse où elle tricotait et posant son ouvrage sur ses genoux.

— Monsieur Bonaparte, dit-elle, en indiquant la pièce voisine du coin de l'œil, il y a là quelqu'un qui vous demande.

— Qui cela ?

— Vous le saurez tout à l'heure, mais dites-moi si vous connaissez le père Couriol ?

— Nullement.

— Vous vous arrêtez cependant tous les matins chez lui pour prendre deux petits pâtés et boire un verre d'eau.

— Ah ! il s'appelle Couriol ?
— C'est lui qui vous demande ?
— Que me veut-il ?
— Vous ne le devineriez jamais, il veut que vous lui parliez.
— Pourquoi faire ?
— Pour me dire si oui, ou non, ma pâtisserie vous convient, s'écria l'artiste dauphinois paraissant tout à coup son bonnet à la main.
— Que vous importe ?
— Ah ! Monsieur ! il m'importe beaucoup ! Tout le monde me complimente ou m'adresse un mot en passant, il n'y a que vous, mon lieutenant, qui n'ayez jamais rien dit, et ce silence me désole.
— Au fait, que pourrais-je vous dire ?
— Tout ce que vous voudrez, pourvu que vous me parliez ?
— Vos pâtés sont excellents, et là-dessus, bonsoir !
— Il m'a parlé, dit joyeusement le père Couriol. Merci, mademoiselle Bou, à présent j'ai le cœur à l'aise.

Il était d'usage à cette époque, dans les régiments, de tâter les nouveaux venus pour savoir s'ils avaient du courage; l'anecdote de Couriol servit de prétexte pour cet essai sur le lieutenant des bombardiers. Un officier du Royal-Marine en garnison à Grenoble, bretteur et fanfaron, se chargea de l'expérience.

Invité chez Guy, au dessert, il raconta l'aventure du pâtissier de façon à jeter du ridicule sur le principal acteur. Tous les yeux étaient fixés sur Bonaparte. Quand le narrateur eut fini, lui lançant un de ses regards qui clouait l'homme sur place :

— Monsieur, dit-il avec son accent ferme et bref, vous venez de dire une histoire, souffrez avant que j'en témoigne mon sentiment que j'en raconte une à mon tour. Elle ne date pas d'hier, mais je me flatte qu'elle vous offrira quelque intérêt.

« Une frégate anglaise avait un jour jeté l'ancre au cap Muro, en Corse.

« Les midshipmen, ils étaient cinq, débarqués sur la plage, s'amusaient à décharger leurs pistolets. Un de mes compatriotes, propriétaire au cap Muro, qui comprenait l'anglais, leur entendant dire qu'ils voulaient aller dans la chaloupe faire une excursion à Sartène, où il avait besoin de se rendre lui-même, s'approcha et leur demanda poliment s'ils voulaient le prendre dans leur barque. Ils parurent y consentir et lui promirent d'attendre qu'il fût allé chercher quelques papiers à sa maison de campagne.

« Cet homme portait le manteau de peau de bique des montagnards qu'il laissa sur le rivage pour courir plus vite. Mais lorsqu'il revint tout en nage, il ne trouva personne : les midshipmen étaient partis, et avant de s'embarquer, prenant son manteau pour cible, ils l'avaient percé de cinq balles. »

Mauvaise affaire pour ces jeunes gens, observa M. de Courty, ou je ne connais pas les Corses.

« — L'homme, continua Bonaparte, sans s'émouvoir, prit son manteau, revint dans sa maison chercher une épée, et sautant sur un de ces chevaux demi-sauvages qui broutent nos maquis, courut au galop à Sartène où il eut le bonheur de trouver encore les midshipmen. S'étant fait reconnaître à eux, il exigea la satisfaction qui ne peut se refuser à un gentilhomme, et comme il était assez fort à l'escrime, il en coucha deux sur le terrain. »

M. de Courty regarda le bretteur qui commençait à devenir sérieux, et Bonaparte poursuivant :

« — Le lendemain, il se rendit à la frégate ; le commandant faisait bien des difficultés pour laisser

3.

battre ses enfants, comme il les appelait. Mais l'offensé insista si fermement qu'il fut forcé de permettre ce combat. Il fut fatal aux Anglais qui reçurent deux blessures graves.

« Le surlendemain, nouvelle visite du Corse à bord. — Que voulez-vous encore? demanda le commandant. — Satisfaction! il y a cinq trous à mon manteau, il me faut cinq coups d'épée pour ces cinq balles. Celui d'ailleurs que j'ai gardé pour le dernier, a été l'instigateur et la cause de mon affront, il est juste qu'il paye un peu plus que les autres.

« — C'est bien, dit le commandant, dans une heure, il sera à terre. Une demi-heure après, la frégate levait l'ancre et s'éloignait à toutes voiles. Mais l'homme au manteau la suivit sur une barque de pêcheur, la rejoignit à Livourne et tua le dernier midshipmen. »

Se levant à ses mots, Bonaparte ajouta froidement : « — Cet homme était mon grand-père ; moi je suis celui qui ne parle pas dans l'anecdote de monsieur, mais qui répondrait sur-le-champ à ceux qui viendront de sa part. »

L'officier de Royal-Marine le suivit aussitôt en protestant qu'il n'avait jamais eu l'intention de l'offenser ; mais à peine s'il l'écouta en haussant les épaules, et se rendit, sans nul souci de ses excuses, chez Mme du Colombier.

Il trouva cette dame dans une agitation extraordinaire, partagée cette fois, ce qui était rare, par son digne et tranquille époux. Elle tenait un journal à la main et dès qu'elle aperçut son jeune ami :

— Eh ! venez vite, venez, monsieur de Bonaparte, apprendre la grande nouvelle !

— Qu'arrive-t-il donc? demanda le lieutenant, qu'on n'émouvait pas facilement.

— Une chose inouïe, vraiment!

— Elle a raison, fit gravement M. du Colombier, en flattant Black, son chien danois.

— Aurions-nous la guerre, par hasard?

— Il ne s'agit pas de cela, la nouvelle est pacifique, mais si étrange que vous ne la devineriez jamais.

— Apprenez-la-moi donc, madame?

— La voici dans la première page du *Courrier d'Avignon*. Lisez vous-même à la place où est mon doigt.

Bonaparte prit le journal et lut très haut les lignes suivantes :

« Deux ambassadeurs envoyés de l'Inde par

Tipoo-Saïb viennent de débarquer avec leur suite à Marseille. Ils se rendront à Paris en poste, et passeront dans trois jours à Valence. »

— Eh bien ! s'écria Mme du Colombier, que dites-vous de la nouvelle ?

— Qu'elle est au moins inattendue.

— Toute la ville est en émoi : on ne parle pas d'autre chose à cette heure, et le gouverneur qui prépare à ces envoyés une réception magnifique, compte sur vous et va vous envoyer chercher.

— Pourquoi faire ?

— Il a demandé l'officier le plus studieux et le plus savant ; on vous a désigné naturellement et il veut vous prier d'apprendre quelques mots d'indoustan pour aller recevoir ces étrangers au relais de la Paillasse où ils doivent s'arrêter avant d'entrer en ville.

Mme du Colombier était bien informée. Le gouverneur de Valence donna en effet cette mission au lieutenant, qui s'enferma, sans désemparer avec un ancien drogman aveugle et paralytique, dans la bibliothèque de l'abbé de Saint-Ruf, et parvint à force de volonté, à s'assimiler assez d'indoustani, pour bien accueillir les ambassadeurs et leur adresser les phrases les plus usuelles.

Muni de ce formulaire et des instructions du gouverneur, il se rendit le jour fixé au relais situé entre Etoile et les Bosseaux, et monta sans être annoncé dans la chambre des ambassadeurs. C'étaient deux jeunes gens de vingt à trente ans, noirs comme des taupes, et costumés de la façon la plus bizarre, mais qui, malgré ce costume et leurs turbans, n'offraient aucun trait caractéristique de la race indoue ; l'embarras plutôt que la surprise se lisait dans leurs yeux inquiets.

Ce fut bien pis lorsque Bonaparte leur débita les quelques mots d'indoustani appris avec le drogman; ils n'osaient ni le regarder ni remuer les lèvres. Il les examina un instant et leur tournant le dos, revint à Valence dire au gouverneur de ne point se hâter de faire des préparatifs et surtout de se garder de tirer le canon.

Le lendemain, toute la ville était sur pied. Une foule immense se pressait devant le Lion d'Or, où étaient descendus les ambassadeurs. On savait qu'ils devaient paraître au balcon, et la population entière de Valence les y attendit pendant plusieurs heures.

Ils se montrèrent enfin, et après avoir reçu les acclamations d'usage et salué la foule, ils firent signe qu'ils allaient parler.

Tous les visages se levèrent vers le balcon ; mais qu'on juge de la surprise de cette foule avide d'entendre ces noirs, lorsque les ambassadeurs portant un énorme turban disaient d'une voix éclatante et en très bon français :

« Messieurs, nous venons de faire dix mille lieues pour vous présenter, de la part de Tipoo-Saïb, qui l'ignore, le poisson d'avril de la nouvelle année. »

C'étaient deux officiers, MM. de Duppereau et de Foucault du régiment de Grenoble, qui avaient imaginé ce tour pour égayer leur congé de semestre.

Le gouverneur, furieux, voulait les mettre aux arrêts. Un ordre qu'il reçut le jour même du ministre de la guerre, changea ses dispositions. Au lieu de les punir, il les renvoya d'urgence à leur corps, appelé, ainsi que les chasseurs de Gévaudan et le régiment de la Fère, à Lyon, où venait d'éclater une émeute des plus violentes. Quant à Bonaparte, il ne racontait jamais cette plaisanterie sans rire jusqu'aux larmes.

———

IV

RÉPUBLIQUE & MONARCHIE

L'orage de la Révolution grondait déjà et, comme des éclairs précurseurs, les émeutes éclataient avec une violence inouïe. A Lyon, le peuple avait pris le prétexte du droit de brandevin, qui ne le grevait pourtant pas d'une manière très sensible. Le désordre dans une ville remplie d'ouvriers pouvait devenir dangereux ; le prévôt des marchands,

M. Tolozan de Montfort, agit promptement et avec vigueur. Trois chapeliers et un ouvrier en soie, signalés comme les chefs de l'émeute, furent arrêtés, jugés et pendus le même jour. Le lendemain, le régiment de la Fère arrivait à Lyon et occupait Vaise. Les chasseurs de Gévaudan prenaient poste à la Guillotière et le Royal-Marine tenait en bride la Croix-Rousse. Ces trois quartiers populeux, qui étaient comme les trois grands bras de l'émeute, se trouvant liés désormais et retenus par la peur des canons et des sabres, le calme revint peu à peu dans les esprits, mais il n'était qu'à la surface et l'on sentait, au silence même de la foule, que l'explosion serait terrible et ne se ferait pas attendre.

M. de Tolozan n'avait aucune illusion sur ce point. Félicité sur son énergie et le succès de ses mesures capitales à la fin d'un diner qu'il donnait aux officiers des trois régiments et auquel assistaient quelques négociants de Lyon et deux ou trois de ses amis étrangers à la ville, il secoua tristement la tête et dit que le plus grand péril n'était pas à Lyon.

— Où le voyez-vous donc, s'écria un jeune avocat dauphinois dont l'œil brillait d'enthousiasme et d'intelligence.

— Partout, mon cher Barnave, dans toute la France aujourd'hui !

— Rassurez-vous, monsieur le prévôt, la France veut seulement dépouiller l'écorce vieille et vermoulue de l'ancien régime et acquérir la liberté.

— Et la République peut-être ?

— Pourquoi non ? si telle était la volonté de la nation.

— C'est justement cette illusion, ces rêves des nobles âmes comme la vôtre, mon ami, qui m'inquiètent et m'effrayent.

— Vous me croyez donc un rêveur et un visionnaire ?

— Mon Dieu, oui, et la preuve est facile à faire, Barnave.

— Je vous en défie ! s'écria le brillant jeune homme.

M. de Tolozan sourit, versa du champagne aux convives et reprit, après avoir bu à la santé du roi :

— Comme les Irlandais dans le vieil habit de leurs grands-pères, nous vivons toute notre vie dans la science du collège qui n'apprend rien que des choses inutiles ou des idées fausses. Ainsi, personne qui ne parle avec admiration et respect des anciennes et célèbres Républiques de Sparte, d'Athènes et de Rome. Arrachez les broussailles et les folles herbes de l'histoire et allez droit à la vérité. Que trouverez-vous? A Sparte, un régime odieux entre tous, une confiscation impitoyable de la personnalité et de la liberté humaines, l'égalité de la misère dans une oisiveté forcée, car les citoyens de Lycurgue ne pouvaient ni travailler, ni commercer, ni même cultiver leurs terres, cette tâche étant imposée aux esclaves.

Et ses maîtres plus esclaves cent fois que les hôtes avaient aboli la royauté et obéissant à deux rois, ne reconnaissaient point de supérieurs et se courbaient sous le pouvoir suprême d'un Sénat, se prétendaient francs et libres, et dépendaient de cinq tyrans nommés éphores, dont la volonté avait droit de vie et de mort ; beau régime ma foi ! et qui méritait bien l'éloge que lui donnent nos rhéteurs !

— Je conviens, dit Barnave, que Sparte ne réalisa pas complètement l'idéal que nous nous formons de la liberté, mais Athènes, Athènes ! Là, par exemple, la liberté était bonne et douce, comme l'olivier de Minerve !

— A Athènes, la liberté n'existait pas plus qu'à

Lacédémone. Solon, son législateur, crut faire un chef-d'œuvre en inventant une Constitution qui donnait le pouvoir exécutif et les charges aux riches, mais en les laissant responsables devant le peuple. Un Sénat composé de quatre cents membres devait contenir ce peuple, un tribunal d'exception, nommé Aréopage, devait contenir le Sénat. Tout cet équilibre factice, très beau sur le papier ou dans la tête de celui qui l'inventa, se rompit quand on l'éprouva.

La Constitution d'Athènes *congrua* les partis, comme le limon d'un marais les grenouilles. Une plèbe ignorante et passionnée, qui jugeait en dernier ressort, puisque tout devait être porté devant l'assemblée populaire, jugea comme elle fait toujours à tort et à travers et justifia parfaitement ce mot du philosophe scythe : « A Athènes, les sages délibèrent et les fous décident. »

Aussi, cette République, qui n'exprimait bien qu'une chose, l'envie et les basses passions du peuple, réalisa-t-elle bientôt l'apologie de son fabuliste : la queue du serpent qui mène la tête.

Cette queue, ignare et amoureuse des paroles, se laissait guider par les parleurs. Ceux-ci, qui l'avaient mise vingt fois à deux doigts de sa ruine, finirent par la perdre et c'est le péroreur le plus fameux qui lui porta le dernier coup.

— Comment ! s'écria Barnave, l'illustre Démosthène ! l'ennemi implacable de Philippe, l'ardent défenseur de sa patrie !

— Oui, ce Démosthène, ignorant comme un avocat d'aujourd'hui des choses de la guerre, lorsque Phocion, le plus brave général et le meilleur homme d'Etat qui soit né dans l'Attique, conseillait d'accepter la paix proposée par Philippe, car il savait bien que ce peuple, trop léger et trop inconstant, ne suivait jamais jusqu'au bout une grande entreprise. Démosthène, dis-je, moitié par jalousie des mérites de ce grand homme, moitié par orgueil et pour bien établir la supériorité de la toge sur les armes, si chères à ces bavards sans cœur, entraîna cette multitude imbécile sur le champ de bataille de Chéronée où tombèrent, comme l'avait prédit Phocion, la liberté et l'autonomie même d'Athènes.

— Et l'orateur, dit Barnave, n'en vit rien, car si je ne me trompe, il prit honteusement la fuite.

— C'est tout ce que font tous ces charmeurs du peuple, quand l'orage qu'ils ont déchaîné éclate et pourrait les atteindre. Et bien, êtes-vous convaincu ?

— Nullement, monsieur le prévot, je conviens que la République n'a fait le bonheur ni de Sparte, ni d'Athènes; qu'elle a même amené, si vous voulez, la ruine de ces deux cités, mais, en revanche, quel éclat elle a jeté de Rome sur le monde et comme ce peuple sacré qui la symbolisait serait encore fort et vert sans l'usurpation des Césars !

— Autre illusion classique, mon ami, et des plus fausses, croyez-moi ; la République, à Rome, n'a été que la longue et cruelle tyrannie du fort contre le faible, du riche sur le pauvre, de l'aristocratie patricienne contre les plébéiens. Les patriciens avaient tout le pouvoir, les richesses, les honneurs ; le peuple n'avait rien que la misère et le droit vraiment dérisoire d'élire tous les ans, parmi ces maîtres hautains et méprisants, les deux chargés de le mâter en paix et de le conduire à la mort sur les champs de bataille. Ainsi ce que vous appelez aujourd'hui liberté était justement le contraire de l'idée exprimée par ce mot ; la liberté à Rome, la liberté de Cicéron, de Tacite, de Caton c'était, pour les nobles, le droit héréditaire, absolu, exclusif, de se partager l'argent, la gloire, les honneurs, et de vivre une douce vie dans leurs palais entre deux troupeaux également voués au servage et à la douleur, le peuple et les esclaves ! Jugez si ces honnêtes patriciens furent contents, quand un des leurs, s'emparant du pouvoir suprême qui était depuis tant de siècles le patrimoine commun, voulut en jouir seul sous le nom d'empereur. On voua aux dieux infernaux dans le présent et l'avenir cet usurpateur de l'usurpation nobiliaire et sénatoriale, et il n'y eut que le peuple qui, délivré du joug multiple de l'aristocratie, trouva dans son simple bon sens qu'une tête vaut mieux que cent pour la conduite d'un État, et que le bras d'un seul est moins lourd que ceux des mille tyranneaux élevés par la multitude.

— De tout ce que vous venez de dire, reprit Barnave en souriant, il n'est pas malaisé de conclure ; vous croyez l'établissement de la République difficile en France, si jamais on en venait là ?

— On y viendra, Barnave ; mais on ne réussira pas. Pour fonder ce régime peu viable d'ailleurs, il faut des peuples vierges et, passez-moi le mot, un peu ingrats. La moindre connaissance du cœur humain et de l'histoire démontrerait l'inanité de l'entreprise.

La République est offerte aux simples comme le

plus beau, le plus large idéal de la liberté et de la justice ; or, nulle part, elle ne peut s'établir sans violence, ni se soutenir sans dictature ; c'est-à-dire sans la tyrannie la plus dure et la plus humiliante qui ait jamais pesé sur l'homme.

— La monarchie n'est pas plus parfaite, monsieur de Tolozan.

— J'en conviens ; rien n'est sans défaut dans ce monde, mais la nôtre a du moins sur les républiques l'avantage de la durée. Le pouvoir s'y exerce au nom d'un seul homme, mais cet homme a des conseillers, des ministres, et sans parler du frein de l'opinion publique, si puissant chez les peuples civilisés ; cet homme voit, tout autour de son autorité suprême, des contrepoids tels que les Etats des provinces, les Parlements, les grands corps de la nation qui la modèrent et la retiendraient au besoin.

— Tous ces grands corps, les Parlements surtout, seront réformés, dit Barnave.

— Faites mieux, jeune novateur, détruisez-les : l'autorité qu'ils soutiennent tombera comme un mât privé de ses haubans et vous me direz des nouvelles de l'ordre ; n'êtes-vous pas de mon avis, messieurs ? ajouta M. de Tolozan en regardant les officiers.

Tous les regards se fixèrent sur Bonaparte, comme pour l'inviter à répondre ; il le comprit et se tournant vers le prévôt :

— Puisque vous désirez savoir le sentiment des officiers, je vais vous exprimer le mien. Je suis d'abord de l'avis de Polybe en ce qui touche la constitution d'un Etat.

Un chef, une aristocratie et le peuple. Ces trois pouvoirs doivent se balancer et se contenir au besoin. Sur ce terrain, je suis donc d'accord avec vous, mais nous nous séparons aussitôt et rappelons le buste aux deux visages du Janus antique. Vous regardez, en effet, le passé, moi l'avenir Le mouvement qui se prépare est un mouvement général de la nation contre les privilégiés. La noblesse française, comme celle de toute l'Europe, date de l'invasion des Barbares qui se partagèrent l'Empire romain.

En France, les nobles représentent les Francs, les Goths et les Burgondes ; le reste de la nation, les Gaulois. Le régime féodal ayant établi le partage du sol, toute terre à un seigneur, tous les droits politiques sont exercés par le clergé et la noblesse, à l'exclusion du peuple.

Ce peuple, appelé bourgeoisie ou tiers-état, enrichi par l'industrie et le commerce, éclairé par l'étude qu'exigent les professions libérales, veut aujourd'hui sa part d'action, d'influence, de pouvoir, et comme tout ce qui est juste arrive, il l'obtiendra.

De violents murmures couvraient à ces mots la voix du lieutenant d'artillerie; M. de Tolozan les calmant du geste.

— Messieurs, dit-il, voici le moment de faire ma ronde; si mes deux jeunes adversaires veulent me suivre, je leur montrerai comment le peuple entend appliquer leurs théories.

Ils acceptèrent l'un et l'autre et le prévôt ayant jeté un manteau sur son justeaucorps de velours écarlate, et enfoncé son tricorne sur les yeux, prit avec Bonaparte et Barnave, le chemin de Fourvière.

V

LES RÉVOLUTIONNAIRES

Arrivés au sommet de cette rampe célèbre dans les annales de Lyon, le prévôt des marchands s'arrêta et s'assit sur une des grosses pierres éparses sur le sol, en invitant ses compagnons à l'imiter.

Ce lieu, fermé d'un côté par une haie haute et épaisse, avait un aspect désert et si désolé, que l'avocat dauphinois, très impressionnable de sa nature, ne put s'empêcher de frissonner et de dire à M. de Tolozan :

— Mais mon cher prévôt, où diable nous avez-vous conduits ?

— Vous le saurez tout à l'heure, Barnave, mais je ne m'étonne pas que ce lieu vous semble sinistre.

— Sinistre et lugubre au dernier point : on doit avoir des crimes en cet endroit ?

— C'est possible et probable même ; tout ce que je sais c'est qu'il s'y est passé, il y a six ans, un étrange et terrible drame.

— Vraiment ! Contez-nous cela, en attendant que nous sachions pourquoi vous nous avez amenés dans ce coupe-gorge.

— Ecoutez alors, et ne croyez pas que j'invente, car tout Lyon fut témoin des faits que je vais raconter.

Sous les frais peupliers des Charpennes, ce nouveau faubourg de notre ville, il n'existait, il y a six ans, qu'une douzaine de maisons très espacées et cachées pour ainsi dire dans le feuillage. Toutes ces maisons, bâties en pierre et couvertes de tuiles rouges, étaient habitées par des ouvriers. Aussi, aux premiers sons de l'Angelus du soir, le bruit du travail cessait partout et l'on n'entendait plus ce joyeux bourdonnement qui précède l'heure du repos dans la ruche du pauvre. Bientôt, chaque famille sortait pêle-mêle, et selon la coutume antique du Midi, qui remonte à coup sûr aux Romains, jeunes et vieux, assis ou accroupis devant leurs portes, et l'assiette sur les genoux, soupaient gaiement en plein air.

Le seul habitant des Charpennes qui fît exception à la règle, était un serrurier établi depuis quelques années dans la dernière maisonnette du hameau. Son bras semblait infatigable. Allumée avant l'aube, sa forge ne s'éteignait que longtemps après le soleil. Il travaillait avec tant d'ardeur, qu'il fallait user de violence pour l'arracher à son étau, sur lequel il aurait passé la nuit sans l'intervention de sa fille.

Mais, enfant gâtée par un père dont elle était toute la joie, sa fille, un peu après la nuit, entrait en sautant dans l'atelier et l'entraînait, pendue à son bras, moitié de gré, moitié de force.

La veille de la Fête-Dieu de 1780, elle trouva la porte de l'atelier close. Cette porte ne s'ouvrit qu'après une assez longue attente, et lorsque déjà l'émotion faisait trembler sa voix. Sans répondre aux questions alarmées qui se pressaient sur ses lèvres, le serrurier lui serrant fortement la main :

— Regarde, lui dit-il, regarde bien cette plaque de fer, voilà ta dot !

Et sur un signe d'étonnement bien naturel de la part de la jeune fille, il ajouta :

— Cette plaque de fer renferme un secret qui me sera payé demain trois cents pistoles.

Le serrurier soupa gaiement sous la voûte étoilée ; puis après avoir remercié dans une courte prière, Celui que le pauvre n'oublie jamais, quoiqu'il semble lui devoir moins de reconnaissance que le riche, il apprit à sa fille ce que tout le monde ignorait aux Charpennes, savoir qu'il n'était pas né pour être ouvrier, et que de mauvaises années et la rapacité des fermiers des gabelles l'avaient dépouillé et réduit à prendre le marteau.

Toutes les fois, du reste, qu'on le mettait sur ce sujet, car je le connaissais, il s'exaltait jusqu'à la rage, surtout si l'on venait à prononcer le nom du traitant qui l'avait ruiné à force de frais et d'injustices, et qu'on appelait Pécoil !

— Nom bien connu dans les finances, et la légende des avares, s'écria Barnave, qui, en sa qualité d'avocat, ne pouvait se résigner longtemps au silence.

— Et plus connu encore de tout Lyon par la sécheresse de son cœur qui était fait du plus dur granit. Je le vois encore ce modèle des harpagons et des usuriers. Il portait avec un tricorne luisant de crasse un habit jadis marron, mais dont les années et l'usage avaient à peu près effacé la couleur primitive ; sa veste de drap noir boutonnée jusqu'au menton, retombait de toute l'ampleur de deux poches énormes sur une culotte de velours olive à côtes, de gros bas gris, attachés sur le genou par des jarretières de paysan, et des souliers ferrés à défier toutes les glaces du Mont-Blanc, complétaient son costume.

— N'avait-il pas, dit alors le lieutenant, des yeux de chouette, avec un front criblé de rides, un nez en bec de faucon et des joues pâles et creuses ?

— C'est son portrait !

— Je l'ai vu en Corse, où il venait à peu près tous les ans quand j'étais enfant, et je me rappelle encore la terreur qu'inspirait son retour, car tout le monde lui devait, disait-il.

— Il était si dur ! reprit M. de Tolozan ; on dit que les fermiers du fisc arrachent le cœur de leur poitrine avant d'entrer dans les affaires, mais cette précaution eût été pour lui inutile : il n'en avait pas.

Maintenant vous connaissez l'homme, voyez-le debout avec l'aube, le jour de la Fête-Dieu, passant le pont Rouge, à travers les vapeurs bleuâtres du matin, doublant le pas sous les peupliers des Charpennes et s'arrêtant devant la maisonnette du serrurier.

Assis sur un banc de bois au bord du chemin, celui-ci l'attendait sans doute, et, cependant, à mesure que l'avare approchait, une émotion violente contractait ses traits, et quand Pécoil lui demanda s'il était le mécanicien des Charpennes, il ne pût répondre que par un signe affirmatif.

— Puisqu'il en est ainsi, reprit l'avare, trop préoccupé de ses plans et de ses calculs pour remarquer le trouble du serrurier, vous allez me montrer la porte de fer, si elle est finie toutefois.

L'ouvrier dit qu'il ne manquait rien.

— Nous verrons bien, répondit l'autre, où est-elle ?

Le serrurier le conduisit, sans mot dire, dans sa forge, et lui indiquant la pièce de la main, s'assit sur son enclume et se mit à réfléchir.

Celui qui avait commandé le travail n'ayant pas, selon ses instructions, nommé Pécoil, il était à cent lieues de se douter qu'il s'agissait de son ancien persécuteur. Un rude combat se livrait donc à ce moment dans son âme, entre la vengeance, réveillant tous ses anciens griefs, et la raison qui lui commandait de les oublier, en cette circonstance, dans l'intérêt de sa fille.

Les sentiments mauvais l'emportant souvent en nous, peut-être aurait-il écouté sa colère, si la voix fraîche de l'enfant ne s'était fait entendre, par hasard. Le chant qu'elle fredonnait, joyeuse comme l'oiseau à l'ombre, chassa tout l'essaim des pensées funestes et lui rendit son calme et sa force d'esprit. Il était temps. Déjà l'avare s'impatientait de son silence et demandait pour la troisième fois où était la serrure de cette porte.

L'ouvrier répondit qu'elle n'avait ni clef, ni serrure et se fermait par un secret. Il posa en même temps son doigt sur un bouton caché par une pince à charnière et la porte se ferma au moyen de trois larges leviers de fer qui s'enfoncèrent à la fois dans le cadre où elle était suspendue.

La simplicité et la solidité de ce mécanisme, qu'une autre pression faisait jouer en sens contraire, ravirent l'avare ; il fut si content qu'il ne marchanda que pour la forme et n'insista guère, contre son habitude, pour obtenir un rabais. Le marché conclu il alla chercher lui-même le charretier qui devait enlever la porte, le vit partir, puis tirant un à un les écus du sac de cuir qu'il tenait sous son bras, les compta deux fois de peur de se tromper et les abandonna enfin au serrurier en lui disant :

— Vous savez quelle condition il reste à remplir ?

— Oui, dit l'ouvrier, j'ai promis de placer la porte, moi-même, et je tiendrai parole.

— A ce soir donc.

— Un honnête homme, reprit le serrurier, se repose les jours de fête.

— Mais à minuit, on pourra travailler, je pense, répliqua aigrement Pécoil.

— Soit ! dit l'autre, où faut-il se rendre à minuit ?

— Sur le pont de bois de Bellecour où j'irai vous attendre.

A minuit, en effet, le serrurier arrivait sur le pont de bois. Pécoil l'y attendait déjà avec une voiture. Se hâtant de mettre pied à terre, il lui rappela qu'en vertu de leurs conventions, il devait se laisser bander les yeux, garantie exigée par les alarmes de son avarice !

Aveuglé donc par un épais bandeau, le serrurier

monta sur le siège à côté de l'avare qui conduisait lui-même et qui le mena, en faisant une foule de détours, autant qu'il pouvait en juger, à l'endroit où vous êtes. La voiture s'arrêta devant cet arbre rabougri qui nous fait face. Les broussailles et les buissons, encore plus épais qu'aujourd'hui, couvraient tout ce terrain.

Se frayant un passage dans le fourré, Pécoil conduisit le serrurier à une sorte de voûte bâtie depuis des siècles. Il alluma ensuite une lampe, ouvrit successivement deux portes en chêne qui fermaient un souterrain vaste et profond, et lui montrant la porte de fer couchée devant une troisième voûte préparée pour la recevoir :

— Voilà des rouleaux, un cric et des leviers, place ton ouvrage toi-même, dit-il.

La porte, mise en place, l'avare s'empressa de la fermer et poussa des cris de joie en voyant avec quelle précision elle s'emboîtait dans le cadre de pierre, et quelle barrière formidable elle pouvait opposer aux voleurs.

— Il n'est ni hache, ni levier assez forts pour l'ébranler, disait-il, en se frottant joyeusement les mains, c'est un ouvrage achevé, accompli.

— Non, répondit le serrurier d'un ton ferme, mon ouvrage n'est point parfait ; il a un défaut que j'y ai laissé, parce que l'homme qui le commanda en votre nom prétendit que vous ne vouliez pas mettre le prix. Vous ne pouvez l'ignorer, du reste, puisque je demandais pour le corriger le double du prix convenu.

— Oui, oui, dit l'avare, je sais ce que c'est, mais l'argent est trop rare pour le jeter par les fenêtres.

— D'autant, reprit l'ouvrier, que, depuis que je vous ai vu, mes prétentions ont bien grandi, et à cette heure je ne ferai pas ce qui manque à mon chef-d'œuvre pour moins de trente mille francs.

— Parce que tu me crois riche, gronda Pécoil en haussant les épaules.

— Parce que je t'ai reconnu.

L'avare recula, et le regardant fixement, demanda ce que signifiaient ces paroles.

— Elles signifient, dit l'ouvrier, que ton infâme soif d'argent m'a ruiné, a fait mourir ma femme de désespoir et m'a condamné pendant quinze ans, moi riche et honoré jadis, au travail forcé, aux dédains, aux douleurs et à la misère.

L'avare répondit qu'il faut payer quand on doit

et qu'il se lavait les mains du malheur des débiteurs insolvables. L'autre eut beau lui représenter qu'on ne vit pas toujours et qu'au lieu d'entasser de l'or et de cacher derrière les portes de fer le fruit de ses malversations et de ses rapines, il ferait mieux de racheter par de bonnes actions et le repentir les crimes dont il était couvert ; il n'en put tirer que ces paroles :

— Voilà l'aube qui va paraître, il faut partir.

— Un dernier mot, lui dit alors le serrurier, ou plutôt un dernier avis que je te donne, quoique tu ne le mérites pas. Souviens-toi bien du danger que tu cours quand tu ouvriras cette porte.

L'honnête homme qui parlait ainsi dans la franchise et la loyauté de son âme avait raison.

Trois semaines après, on ne s'entretenait, à Lyon, que de la disparition de Pécoil, dont les coffres, à la surprise générale, avaient été trouvés vides.

Le prévôt des marchands, s'interrompit à ces mots pour écouter : un bruit de pas s'étant fait entendre à peu de distance :

— Messieurs, dit-il, si je ne me trompe, voici les gens que j'attendais. suivez-moi dans ce fourré de broussailles, et soyez attentifs.

Les pas se rapprochaient toujours et bientôt un groupe d'hommes assez nombreux, arriva sur le terrain qu'ils venaient de quitter. A leur tête marchaient deux individus qui semblaient les chefs du rassemblement, bien qu'ils différassent de la façon la plus tranchée par la condition sociale et le costume : le premier était un jeune homme de 24 à 25 ans, grand, mince, et d'une belle et noble figure encadrée par des cheveux noirs et flottants sur ses tempes et ses épaules. Ses traits fins et réguliers auraient rappelé la délicatesse des formes féminines, sans l'énergie fière et la décision qu'ils respiraient, et qu'on voyait parfaitement aux clartés de la lune. Il portait le costume de la bourgeoisie aisée : justaucorps, veste et culotte de velours noir, avec des bas de soie de même couleur et des souliers à boucles d'acier.

L'autre, au contraire, offrait avec ses cheveux rouges, son front bas, ses yeux louches, son nez écrasé, sa grande bouche et ses joues creuses et couvertes de petite vérole, un des types les plus repoussants de vulgarité et de laideur ; remarquable seulement par sa haute taille et la vigueur que faisaient supposer les proportions athlétiques de sa poitrine et de ses bras, il avait un habit d'ouvrier et portait une canne enrubannée presque aussi haute que lui.

Prenant la parole d'une voix forte et vibrante :

— Amis, dit le premier, c'est ici que nous cacherons nos martyrs. Ce lieu a déjà été consacré par le châtiment d'un accapareur, d'un mortel ennemi du peuple. Ce misérable avait extorqué aux pauvres travailleurs leur dernière pièce d'argent, et accumulé dans ses coffres des richesses immenses. Il vint un jour les enfouir là, derrière une porte de fer, et cette porte s'étant refermée sur lui-même sans qu'il pût la rouvrir, il y mourut de rage et de faim, en labourant avec ses ongles les monceaux d'or.

— C'était justice ! s'écrièrent tous ces hommes.

— Oui, ajouta d'une voix rauque l'ouvrier à la grande taille : Et mort aux riches !

— Vous voyez, reprit le premier, en les conduisant de l'autre côté de la haie où pendaient à quatre potences les ouvriers suppliciés la veille, vous voyez comment vous traitent les riches et les nobles lorsque vous réclamez contre leur tyrannie !

Cet abus de la force qu'ils nomment l'ordre ne peut durer ; l'ancien régime agonise. Dans trois ou quatre ans au plus tard, il rendra le dernier soupir. Un état nouveau lui succédera. La République prendra la place de la Monarchie, elle étouffera dans ses bras robustes les rois, les prêtres et les nobles, ces oppresseurs tant de fois séculaires de l'humanité.

Institution, lois, religion, mœurs mêmes, nous changerons tout. Nous ferons table rase de tout et ne laisserons sur pied que le seul pouvoir légitime, le véritable souverain, le peuple !

— Oui, oui, crièrent tous ces forcenés, vive la Révolution !

— Et plus de gouvernement, plus de maîtres, plus de riches !

— Tout ce qu'ils ont nous appartient, hurla l'homme à la canne enrubanée. Vengeance, mort et sang pour eux !

— Ecoutez, dit le premier orateur nous sommes vendus. J'entends le pas cadencé de la troupe : sauve qui peut !

Ils prirent la fuite comme une volée de corbeaux, et M. de Tolozan sortant du fourré :

— Je savais qu'ils viendraient, dit-il, pour enlever les cadavres, et pensais bien que leurs chefs ne perdraient pas cette occasion de pérorer.

— Les connaissez-vous ? demanda vivement Bonaparte.

— Par les renseignements fournis à Marseille, le premier s'appelle Sylvestre, c'est un peintre fort exalté que vous avez dû connaître dans quelque maison à Valence.

— Précisément : chez Mme du Colombier. Et l'autre ?

— L'autre est un compagnon provençal, nommé Jassaud, très mauvais sujet et redouté à cause de sa force extraordinaire et de sa cruauté.

— J'ai encore vu celui-là !

— Et vous les avez entendus tous les deux ! Voilà, mon cher Barnave, comment le peuple pratiquera vos théories, si par malheur elles venaient à triompher.

VI

LE 3 MAI

M. de Tolozan reconduisit le jeune officier à la montée de Montriboul, où il était logé chez la veuve Blanc, et ne le quitta au seuil de la maison, qu'après l'avoir sérieusement exhorté à se défier des idées nouvelles.

Précautions bien inutiles en ces jours d'effervescence nationale, où le sol tremblait sous les pas, où l'on entendait à toute heure, la vieille société fléchir avec ces bruits sinistres des maisons qui vont s'écrouler. Le jeune homme passa la nuit à se promener dans sa chambre ; les paroles de Sylvestre semblaient avoir dévoilé à ses yeux la colonne lumineuse de l'avenir. Il voyait la vieille France s'engloutir tout entière dans le cataclysme prévu et une nation nouvelle, jeune, libre et glorieuse sortir de sa tombe, parée du bonnet de la liberté et des lauriers de la victoire. Le jour dissipa comme un rêve ces illusions de la jeunesse, dont l'aile généreuse ne s'arrête jamais dans les champs du possible et vole avec ardeur à l'inconnu.

Bientôt à cet enthousiasme brûlant, que nous met au cœur la fièvre de l'adolescence, succédèrent le doute et puis le découragement.

L'impatience de développer les facultés puissantes qu'il sentait en lui et la comparaison du peu qu'il était avec ce qu'il voulait être, le menèrent peu à peu à l'anémie morale et au dégoût de la vie. Quand le régiment revint à Valence, il était fermement résolu de sortir d'un monde où il désespérait de se faire jamais sa place. Du projet à l'exécution chez cette nature fébrile il n'y avait qu'un pas.

Le 3 mai, par une journée radieuse de soleil printanier, il s'enferma dans sa chambre, chargea ses pistolets et se prépara froidement au voyage qui n'a point de retour. Mais il avait compté sans l'affection de son hôtesse.

Eclairée par son cœur, la bonne Mlle Bou avait tout deviné. Elle commença par envoyer chercher en toute hâte l'abbé de Saint-Ruf, puis, montant précipitamment quand elle ne l'entendit plus marcher, elle frappa fort et l'appela tant de fois qu'il ne put s'empêcher de répondre plus brusquement encore que de coutume.

— Que me voulez-vous ?
— Ouvrez, ouvrez Monsieur de Bonaparte !
— Je ne peux pas, je travaille !
— Ouvrez vite ! si vous saviez !
— Qu'est-ce ? s'écria-t-il avec impatience.
— Une lettre de votre mère !

Il se promenait encore en répondant. A ces mots, les pas s'arrêtèrent, puis il vint tirer le verrou, prit la lettre, et remerciant l'excellente femme, la pria de le laisser seul, ce que Mlle Bou se garda de faire. Malgré son air furieux et ses froncements de sourcils, elle resta dans la chambre sous prétexte de frotter un meuble, d'arranger un rideau, de mettre quelque objet en ordre, et ne sortit qu'à l'arrivée de l'abbé de Saint-Ruf.

Celui-ci déjà prévenu par un mot de la bonne hôtesse, poussa un fauteuil devant le bureau où étaient posés les pistolets et regardant fixement Bonaparte, surpris au plus haut point de sa visite, lui demanda ce qu'il avait.

Pendant que l'interpellé balbutiait une réponse évasive, il prit un papier fraîchement écrit et placé sous les armes, et lut ce qui suit à haute voix : « Toujours seul au milieu des hommes ! je rentre pour rêver avec moi-même. De quel côté ma mélancolie est-elle tournée aujourd'hui ? Du côté de la mort ! »

Posant le papier à ce mot, l'abbé regarda son jeune ami en silence.

— Oui, dit alors Bonaparte, d'une voix sourde ; la vie m'est à charge !

— Pourquoi cela ?

— Parce que les hommes avec qui je vivrai probablement toujours, ont des mœurs aussi éloignées des miennes que la clarté de la lune diffère de celle du soleil. Je ne peux donc pas suivre la seule manière de vivre qui pourrait me faire supporter la vie.

— Est-ce la seule raison qui vous a fait charger ces armes?

— Non, je ne puis rester sur une terre où je suis forcé de louer par devoir des hommes que je dois haïr par vertu.

— Bon! et ensuite?

— Les malheurs de mon pays natal me dégoûtent de l'existence. Puisqu'elle doit finir d'ailleurs, ne vaut-il pas autant se tuer?

— Quel âge avez-vous, mon enfant?

— Dix-sept ans.

— Et c'est à l'âge où l'on n'est pas encore un homme, que les hommes vous inspirent de l'aversion et du mépris! C'est avant même de les connaître que vous les condamnez! sans savoir ce que c'est que la vie que vous repoussez, ce bienfait si grand, si précieux et si beau de la Divinité! Je vous croyais né pour les grandes choses et trempé pour les grands périls. Je vous croyais un cœur plein de force, de courage et d'audace, et entré dans le chemin, à peine aux premiers pas vous fléchissez, vous faiblissez et vous voulez vous arrêter, ne laissant de vous d'autres traces que le souvenir d'un enfant qui n'a pas su vivre !...

— Mais j'ai déjà tant souffert !

— Silence, enfant ! Ces paroles sont un blasphème dans une bouche adolescente. Attendez que vous ayez vécu, que votre front se soit heurté aux obstacles de fer, que votre cœur se soit ensanglanté aux ronces du chemin, que les peines et les soucis aient blanchi vos cheveux, qu'un violent désespoir vous ait sillonné de rides comme l'abbé de Saint-Ruf, et alors vous pourrez dire : J'ai souffert ! Vous me regardez avec surprise comme si le bonheur avait toujours été mon lot. Le bonheur ! c'est l'oiseau merveilleux qui peut se poser chez un homme, mais qui n'y reste pas. Plus âgé que vous de trois ans, je désespérai de la vie et voulus la quitter violemment.

— Vous !

— Moi, je n'étais pas abbé alors, j'aimais avec la folie des vingt ans, une de mes parentes à qui mon père refusa inflexiblement de m'unir. Il avait raison, je le vis plus tard, quand le désespoir m'eût jeté dans l'Eglise et que la légèreté de cœur et de mœurs de celle pour qui j'avais voulu me tuer, eût ruiné et déshonoré son époux.

Le jeune Napoléon réfléchissait sa lettre à la main.

— De qui est cette lettre ? demanda l'abbé.

— De ma mère !

— Lisez-la, mon ami.

Ce fut le coup de grâce de l'idée funeste. A mesure qu'il lisait ces lignes imprégnées de lait du pays natal, et d'où s'exhalaient l'amour maternel et le doux parfum de la famille, ses traits se détendaient ; bientôt ses lèvres tremblèrent et un torrent de larmes vint mouiller ces caractères chéris.

Alors l'abbé se leva, et lui serrant la main avec force :

— Et bien, le spectre du suicide est-il parti ?

— Oui, pour toujours !

— Et il ne reviendra plus ?

— Non ! je vous le promets !

— Voilà qui est digne d'un homme, et conforme à l'idée que nous nous faisons tous de votre destinée. Car ce n'est plus le moment de faiblir ; il faut au contraire, à cette heure, ceindre son âme du triple airain du lyrique de Rome. Vous sentez la catastrophe qui se prépare. Voilà le secret de votre mélancolie. Il n'y a que les grandes natures, celles qui sont destinées à résumer les grands mouvements des peuples et à personnifier les révolutions, qui soient troublées par ces pressentiments sublimes.

L'ouragan qui gronde depuis si longtemps va éclater ; il peut tout renverser, tout engloutir ; qu'il trouve au moins debout ceux qui ont génie, force et courage !

VII

LES CERISES

Les mois, comme les jours, se suivent sans se ressembler. Ce proverbe avait bien raison le 3 juin de cette même année 1786 Profitant de la belle saison, M. et Mme du Colombier avaient réuni leurs amis à l'une de leurs maisons de campagne située à trois lieues moins un quart de Valence, vers le sud-est. Les Basseaux, c'était le nom de ce domaine, ne se distinguaient ni par la grandeur, ni par le luxe des constructions ; mais, bâtis dans un site charmant, ils offraient tout ce que peut exiger l'aisance, d'une vie bourgeoise. Une chartreuse, dont la blanche façade et les contrevents verts s'apercevaient d'un quart de lieue entre des ormes séculaires, s'élevait devant un demi-cercle formé par la ferme, les écuries et les communs. Au dessus de tous ces murs dorés par le soleil et de ces toits inégaux de hauteur et de forme et tapissés de lierre de mousse et de pariétaire, pendaient les boucles des mûriers sur lesquels pintades et coqs, perchés dès l'aube, jetaient leurs cris retentissants. Des nuées de pigeons tournoyaient un moment dans l'air ; puis, se posant au bord des toits, s'y rengorgeaient pour roucouler avec courroux.

Le passage des bruits de la ville au calme des champs est toujours plein de charme. En respirant l'air doux et pur, en plongeant son cœur tout entier dans cette atmosphère rustique qui vous baigne de toutes parts comme les flots d'une mer invisible, on se sent retrempé en tout son être et l'on renait à une vie nouvelle.

Eveillé comme le soleil, pendant que la plupart

des invités de Mme du Colombier dormaient encore, Napoléon arpentait en rêvant les allées du jardin.

Il y marchait, tête baissée, au milieu des marronniers en fleur et des grappes d'or des faux ébéniers chargés de rosée matinale et qui mouillaient parfois son front sans qu'il s'en aperçut; un petit cri joyeux comme un chant de bergeronnette le tira de sa rêverie. C'était la voix de Caroline qui accourait en sautillant, un panier au bras.

— Ah! c'est vous lieutenant, vous avez bien fait de vous lever de bonne heure, justement j'ai besoin d'un aide.

— Pourquoi, mademoiselle?

— Venez, venez!

Et l'entraînant sans autres explications, elle le conduisit en courant le long d'une haie au pied d'un cerisier dont toutes les branches pendaient rouges de fruits; après avoir contemplé un instant cet arbre si beau avec son tronc lisse et argenté et ses pendeloques de corail qu'ombragent des feuilles vernies, elle se tourna vers le jeune homme, et d'une voix malicieuse:

— Saurez-vous grimper là-dessus? dit-elle en riant.

— Demander cela aux enfants de la Corse, habitués à escalader arbres et rochers, c'est comme si vous demandiez à cet oiseau s'il sait voler.

— Voyons donc votre agilité !

En deux bonds, le jeune lieutenant fut sur l'arbre et demanda ce qu'il fallait faire.

— Me jeter des cerises plein ce panier.

— Est-il défendu d'en cueillir pour son compte ?

— Non, pourvu que vous en laissiez pour les convives de ma mère.

— Sont-ils nombreux ?

— Vous les vîtes tous hier au soir.

— J'avais entendu parler du peintre parisien et connais un peu M. Barnave.

— Ainsi que l'abbé de Saint-Ruf, ajouta l'espiègle en se mordant les lèvres.

— Ainsi que l'abbé de Saint-Ruf, grâce à un autre abbé ! mais quel est ce personnage qui parle si haut et toise tout le monde ?

— M. de Basterot, chef d'escadre de sa Majesté.

— Il a bien toute la morgue de l'aristocratie de la mer ! Et l'autre ?

— Lequel ?

— Le chevalier de Saint-Louis ?

— C'est la première fois qu'il vient aux Basseaux.
— Votre père semble l'affectionner beaucoup.
— Beaucoup, en effet.
— Vous rougissez?
— C'est de tenir la tête renversée pour recevoir les cerises que vous jetez si maladroitement.
— Comment s'appelle t-il?
— M. Garampez de Boissieux. Il est capitaine dans le régiment de Lorraine.

La cueillette des cerises continua quelque temps en silence, puis Napoléon dit tout à coup :

— Je voudrais bien savoir pourquoi votre mère a réuni aux Basseaux des personnes si différentes.

— Voici l'abbé de Saint-Ruf qui vous l'apprendra, mon panier est plein, maintenant vous pouvez descendre.

Le bon abbé qui venait à pas lents en lisant, non pas son bréviaire, mais un volume de Rousseau, se refusa, malgré son instance à satisfaire la curiosité de Napoléon :

— Ceci, dit-il mystérieusement, est le secret de Mme du Colombier, mais vous ne tarderez pas à le connaître, car après le déjeuner, une explication solennelle aura lieu.

Après ce repas, en effet, dont la maîtresse de la maison fit les honneurs avec son aisance et sa grâce ordinaires, et lorsque les domestiques se furent retirés, Mme du Colombier dit tout bas à sa fille d'aller l'attendre au salon, et s'adressant aux invités :

— Nous avons reçu quatre lettres auxquelles mon mari me charge comme mère de famille de répondre, messieurs, catégoriquement ; vous savez que c'est l'expression de M. du Colombier.

Je commence par vous remercier tous de l'honneur que vous nous vouliez faire en sollicitant la main de ma fille ; la recherche de chacun de vous, en particulier, nous flatte infiniment, mais...

— Vous êtes forcée d'en refuser trois, dit à demi-voix le chef d'escadre.

— Quatre... pour le moment, mon cher commandant.

— Comment, madame, moi aussi ?

— Mon Dieu ! oui. Quant à présent, du moins, Caroline est beaucoup trop jeune et notre intention n'est pas de l'établir encore.

— Elle a dix-neuf ans, si je ne me trompe.

— Dix-sept seulement et M. du Colombier n'entend la marier qu'à vingt-cinq.

— Alors, s'écria le peintre, ceux de nous qui persisteront ne seront plus que trois.

— Pourquoi cela? demanda fièrement le chef d'escadre.

— Mais parbleu! parce que dans huit ans vous pourriez être l'aïeul paternel et sempiternel de Mlle du Colombier.

— Comment s'appelle ce jeune homme? demanda M. Basterot par dessus l'épaule en s'adressant à son voisin.

Mais le peintre parisien s'élança de sa place et le regardant fièrement : « Vous voulez savoir mon nom, retenez-le bien, car peut-être nous retrouverons-nous un jour; je m'appelle Sylvestre! »

— Et après?

— Après, rien qu'un homme de cœur et d'honneur!

— Un roturier, fit dédaigneusement M. de Basterot. Sachez, mon cher, que si je ne respectais la maison où nous sommes...

— Que feriez-vous?

— Je vous ferais chasser et châtier par les laquais !

— Oui, oui, reprit Sylvestre, pâle comme la mort, c'est ainsi que les nobles nous ont traités pendant quatorze siècles ! Aussi le glas de la vengeance sonnera bientôt dans tous les clochers ; aussi les tombes se rouvriront pour laisser sortir vos victimes ; aussi le châtiment sera proportionné à la souffrance et sans pitié comme votre oppression !

Mme du Colombier fit signe à son mari qui se leva, en invitant le peintre à le suivre.

Celui-ci partit, mais arrivé sur le seuil de la salle à manger, il se tourna et lança d'un œil enflammé cet adieu au chef d'escadre :

— N'oubliez pas le nom du roturier, monsieur de Basterot, car il n'oubliera pas le vôtre.

On rentra au salon sur cet incident dont le commandant n'aurait pas ri avec tant de dédain, s'il eût pu prévoir l'avenir.

L'Hélène de cette querelle de noble à roturier avait repris sa broderie auprès des croisées qui donnaient sur le jardin, et voyant Napoléon qui rêvait à son ordinaire :

— A quoi songez-vous ? lui dit-elle.

— Vous ne le devineriez jamais.

— Probablement, car je n'ai pas même, comme ma mère, l'art de lire dans les cartes.

— Eh bien ! ne vous moquez pas de moi, je me demandais pourquoi on n'avait pas servi vos cerises ?

— Parce que je les garde.

— Pour qui ?

— Pour celui qui les a cueillies.

— Oui, mon ami, ajouta tout bas l'abbé de Saint-Ruf, qui les écoutait, et si vous n'étiez pas toujours dans les espaces de l'histoire ou de l'algèbre, vous auriez compris bien vite à quel dessein Mme du Colombier s'est prononcée aujourd'hui si catégoriquement, et pourquoi, dit-il plus bas encore, son aimable fille vous a invité, ce matin, à cueillir des cerises.

VIII

LA RÉVOLUTION

Cinq années, on vivait vite alors, avaient passé comme des heures sur cette journée de campagne. Le printemps venait de rendre aux Basseaux ses dômes de verdure, ses guirlandes de fleurs et son charme doux et rustique. On y tremblait bien un peu, car le feu était aux esprits, l'exaltation populaire menaçante comme un orage, mais l'effervescence n'ayant encore échauffé qu'à demi le cerveau des paysans, M. du Colombier se contentait de gémir tout bas de la marche des événements et ne songeait pas à suivre l'exemple des gentilshommes, ses voisins, qui émigraient en foule. Inébranlable sur le roc des croyances religieuses et monarchiques, il soutenait chaque jour, lui habitué à ne parler qu'à son chien Black et par signes, une polémique acharnée contre sa femme et l'abbé de Saint-Ruf.

Philosophes l'un et l'autre et pénétrés des idées fausses de Rousseau, pour voir où menait leur application, ces deux antagonistes le battaient facilement et l'auraient réduit au silence, si le hasard ou plutôt le flot ascendant du désordre ne lui eût apporté du renfort.

Au commencement de 1791, on reçut aux Basseaux la visite du commandant de Basterot et de son ami, M. Tolozan de Monfort.

Le prévôt des marchands lyonnais connaissait l'abbé de Saint-Ruf, et le nom de Bonaparte étant tombé dans la conversation, il s'informa curieusement de ce qu'était devenu ce jeune homme.

— Personne, répondit l'abbé en regardant Mme du Colombier, ne peut mieux vous fixer que nous à cet égard. Un an après son passage à Lyon, l'officier dont vous parlez est allé tenir garnison à Douai. Entre 1788 et 1789, entre deux congés en Corse, le ministre de la guerre l'a envoyé à Auxonne. Puis il est revenu dans son île, qu'il adore.

— Et d'où il m'a écrit, interrompit Mme du Colombier, des lettres datées d'une grotte volcanique creusée dans la montagne d'Ajaccio et qu'il appelle son cabinet de Millelli.

— Et qui respirent sans doute l'enthousiasme et la ferveur des idées du jour, car on m'a dit qu'il avait donné dans la Révolution.

— Et l'on ne vous a pas trompée ! s'écria M. de Basterot, si c'est lui, comme je le pense, que j'ai entendu hier au soir, à Valence, au club des amis de la Constitution.

— On l'attendait, en effet, dit l'abbé de Saint-Ruf, car il vient d'être nommé lieutenant en premier dans le régiment d'artillerie de Grenoble, en garnison à Valence.

— Et il a débuté hier au Club ?

— Tout le monde y va maintenant, murmura Mme du Colombier.

— C'est possible, madame, répliqua son mari,

6.

mais les personnes qui fréquentent ce lieu ne mettront pas les pieds chez moi !

Il achevait à peine ces paroles que la porte du salon s'ouvrit et un domestique annonça le lieutenant Napoléon Bonaparte.

A l'air étonné et contraint des hommes le nouveau venu comprit qu'on parlait de lui, mais sans s'en émouvoir, il alla droit à Mme du Colombier qui lui fit le meilleur accueil, serra la main de l'abbé de Saint-Ruf, salua avec courtoisie M. de Tolozan qu'il reconnut tout de suite, et s'inclina froidement devant M. de Basterot et le maître de la maison qui le regardèrent à peine. Empressée à lui faire oublier ce mauvais vouloir, Mme du Colombier s'empara de son bras quand on vint dire qu'elle était servie, le mit auprès d'elle à la place d'honneur, malgré les signes de son mari indiquant de l'œil le commandant et le prévôt, et pendant tout le diner n'eut de soins et de prévenances que pour lui. Aussi M. Grégoire, furieux, n'hésita pas, pour prendre sa revanche, à ouvrir les hostilités dès qu'on se fût levé de table.

— Vous voilà donc revenu à Valence? dit-il à Bonaparte d'un ton peu bienveillant.

Et sans attendre sa réponse, il ajouta avec intention :

— J'ignorais votre retour. Etes-vous ici depuis longtemps ?

— Depuis hier, monsieur, et c'est ma première visite.

— Vous voulez dire la seconde.

— Je vous jure que je n'ai vu personne avant de venir ici.

— Bah ! et le club ? et les amis de la Constitution ? Vous les avez bien visités les premiers, ceux-là, dit M. de Basterot se joignant à son ami, car si mes yeux sont bons encore, je vous ai vu, bien vu, applaudissant des deux mains l'orateur ?

— Le commandant ne se trompe pas, répondit froidement Bonaparte.

— Et savez-vous, continua M. de Basterot, qui pérorait à la tribune ? Ce grand flandrin de Parisien, que je houspillai un jour chez vous.

— Sylvestre !

— Oui, mon cher Grégoire.

— Ma femme a la main heureuse, observa ironiquement M. du Colombier en lançant un regard équivoque au lieutenant.

— Vous avez dû en entendre de belles, dit-il au commandant de Lyon.

— Oh! des choses monstrueuses, exécrables, dignes à chaque mot de la garcette et du gibet !

— N'est-ce point votre avis, lieutenant !

— Non, monsieur, j'estime au contraire que l'orateur a bien parlé, il a loué l'Assemblée constituante, et je l'approuve ; il a tonné contre la politique ambiguë de la cour, et je suis de son sentiment ; il a maudit ces gentilshommes qui abandonnent leur pays et vont prendre les armes de l'étranger pour revenir avec lui, les tourner contre nous, leurs frères, et je les trouve sans excuse. Le seul point où nous différons de façon de penser, c'est quand il accuse Mirabeau de trahison, et qu'il juge dans son exaltation fébrile, digne de la voirie, le grand citoyen auquel l'Assemblée, organe de la nation tout entière, vient de décerner les honneurs, si justement mérités, du Panthéon.

M. du Colombier et ses amis se regardèrent un instant en silence, mais la surprise et l'indignation peinte sur leurs visages ne tardèrent pas à éclater.

— Comment, dit M. du Colombier, hors de lui, vous approuvez la Révolution ?

— Sans aucun doute. Enchaînée depuis tant de siècles par des fers que le despotisme a forgés la

France les brise et redevient libre. Un peuple qu'on n'avait jamais consulté reprend possession de lui-même et dit ce qu'il veut et comment il entend être gouverné.

Ceux qu'il a librement choisis lui élaborent une Constitution sous laquelle on ne verra plus ni oppression, ni abus, ni passe-droits, ni privilèges, et vous ne voulez pas que les hommes de cœur approuvent et bénissent un tel état de choses !

Le commandant de Basterot et M. du Colombier rouges d'indignation, allaient protester à la fois ; le prévôt de Lyon les arrêta d'un geste et s'adressant à Bonaparte :

— Que voilà bien, mon jeune ami, les généreuses illusions du patriotisme et de votre âge !

La Révolution, bien qu'elle tienne d'une main la torche qui a brulé les châteaux et de l'autre la corde sinistre de la lanterne et la pique qui promena la tête de Mme de Lamballe, vous apparait avec sa tunique blanche et son bonnet phrygien, comme l'ange de l'avenir. Mais laissez-là marcher et vous verrez où l'émeute la mènera !

— La Révolution, Monsieur de Tolozan, est le plus grand bienfait social des temps modernes. Elle a fait une France nouvelle et crée tant d'intérêts nouveaux qui la soutiendront, que songer à ressusciter l'ancienne, est rêver l'impossible !

— Encore une erreur, lieutenant. La Révolution a plus blessé et détruit d'intérêts réels qu'elle n'en a favorisés. Ses principes et ses mesures captivent merveilleusement les passions les plus basses et les plus ardentes. On a froissé les nobles âmes, mais on a flatté les âmes cupides ou passionnées. On a brisé beaucoup d'idoles utiles au maintien de l'ordre au repos de la société, mais on a ouvert un temple à la licence dont le culte facile et énivrant n'a pu manquer d'attirer une affluence prodigieuse de prêtres et d'adorateurs. Vous dites que l'ancienne France gît pour toujours sous la pierre arrachée aux murs de la Bastille : je le crois comme vous et le temps nous apprendra si ce n'est pas un grand malheur.

Chacun avant 89 se bornait à faire son métier : le cordonnier cousait ses bottes, le maçon bâtissait ses murs. L'épicier vendait ses chandelles, le marchand ne songeait qu'à vider ses rayons, le fabricant à produire le plus possible, l'écrivain à faire un bon livre ou une pièce de théâtre. Aussi, tout le monde était heureux et satisfait de son état. Débarrassée de vos succès et sûre du maintien de l'ordre, la nation française était vive, gaie et de bonne humeur. Regardez nos pères sur les portraits de ce salon ! Quels traits calmes et reposés ! Comme on sent derrière eux le large et tranquille horizon de leur existence ! La Révolution est venue bouleverser tout cela en détruisant, avec sa violence et son ignorance natives, l'ordre établi, en le remplaçant par un régime provisoire, bâclé au hasard, ant'pathique aux précédents, aux croyances, aux mœurs vingt fois séculaires de la France. Au lieu de rester le privilège des esprits éclairés, des hommes voués aux fortes études, la politique est tombée tout à coup, comme un bolide dans le domaine public. Aussi l'axe du sens commun est déplacé comme celui de la logique, et ce qui devait être en bas se trouve en haut. Alors le cordonnier, au lieu de coudre ses souliers, le maçon de gâcher son plâtre, l'épicier de vendre son chocolat, l'orfèvre ses bijoux en faux et le ciseleur ses pendules, tous ces braves ouvriers et débitants se sont figurés, de bonne foi, qu'ils étaient aptes à appliquer, sans aucune connaissance, ni le moindre talent, du reste, cette science si difficile, si ardue du gouvernement que les Pitt et les Montesquieu, après quarante ans de méditation et d'étude, n'osaient se flatter de savoir ! Aussi qu'ont élevé ces constructeurs sans yeux ? La Babel ridicule que nous voyons et le flux de paroles inutiles que nous entendons ! — Alors vous n'aimez pas mieux les avocats ? dit vivement Bonaparte.

— Dieu m'en préserve ! Les avocats sont la septième plaie d'Egypte et le fléau de ce pays. Vous vous rappelez ces harpies de Virgile fondant sur tout et gâtant tout, voilà l'avocat trait pour trait quand il fait de la politique. Ignorant comme un poisson, car il n'a eu le temps de rien apprendre en dehors du mur mitoyen et du barreau du crime, l'avocat se croit propre à tout parce que sa convoitise est comme sa vanité et son audace, sans pudeur et sans bornes. Ecoutez ce parlage diffus et redondant, comme un tambour qui résonne, éblouit les sots, et déshonore la langue française, et si vous trouvez une goutte de vérité, un grain de bon sens, un éclair de génie et de grandeur d'âme dans ce flux de mots sans couleur et sans véritable chaleur, je me fais avocat moi-même !

— Quel est votre avis sur tout cela ? demanda

Mme du Colombier en souriant à l'abbé de Saint-Ruf.

— Ma foi ! madame, bien que tout dévoué au progrès de la raison et à la diffusion des lumières, je commence à pencher un peu vers les idées de M. le prévôt. Il est incontestable que la Révolution a profondément altéré le caractère national. De vif, gai, bon, religieux qu'il fut pendant quatorze siècles, le peuple de France est devenu avec la pipe, le club et le journal de parti, sombre, haineux, lourd, égoïste, et il remplace la gaieté native par la débauche, la franchise par l'envie, l'activité par la paresse, la religion par un athéisme bestial, en attendant qu'il laisse pousser la lâcheté, compagne inévitable de l'égoïsme, là où restaient encore quelques racines d'ardeur et de courage.

— Bravo ! l'abbé, s'écria M. de Basterot en se frottant les mains ; cette opinion vaut un sermon !

— Ainsi, continua l'abbé de Saint-Ruf, au point de vue de la civilisation, de la politesse des mœurs, de l'expansion de l'intelligence et de l'esprit, comme de la paix intérieure et du bonheur social, la Révolution est une reculade qui nous rejette trois siècles en arrière.

Comparez notre temps, troublé, fébrile, incertain,

où l'ordre tremble et chancelle à chaque instant entre le meurtre et l'incendie, où le peuple, qui travaillait de bon cœur toute la semaine et s'amusait si gaiement le dimanche, ne songe qu'à fuir le travail et ne rêve dans son cerveau obscur et irrité par les déclamations des écrivailleurs faméliques, et l'ivresse de la destruction de tout pouvoir et le pillage, comparez, dis-je, cet état de choses au régime renversé par les démolisseurs de la Bastille et des chevaux.

Temps heureux, dit un de mes amis dont j'emprunte, un moment, le langage poétique :

Temps heureux où régnaient Louis et Pompadour !
Temps heureux où chacun ne s'occupait en France
Que de vers, de romans, de musique, de danse,
Des prestiges, des arts, des douceurs, de l'amour !
Le seul soin qu'on connût était celui de plaire.
On dormait dans la nuit, on riait tout le jour.
Varier ses plaisirs était l'unique affaire.
  A midi qu'on s'éveillait,
  Pour nouvelles on se demandait
Quel enfant de Thalie ou bien de Melpomène,
D'un chef-d'œuvre nouveau devait orner la scène.

Quel tableau paraîtrait cette année au Salon.
Quel marbre s'animait sous l'art de Bouchardon,
      Ou quelle fille de Cythère,
Astre encore inconnu, levé sur l'horizon
Commençait, du plaisir, l'attrayante carrière.
On courait applaudir Demesnil ou Clairon,
Profiter des leçons que nous donnait Voltaire,
Voir peindre la nature à grands traits par Buffon,
Du profond Diderot, l'éloquence hardie,
Traçait le vaste plan de l'Encyclopédie.
Montesquieu nous donnait l'esprit de chaque loi ;
Nos savants calculaient le retour des comètes,
Des peuples ignorants calmaient le vain effroi.
La Renommée alors annonçait nos conquêtes.
Les dames couronnaient, au milieu de nos fêtes,
Les vainqueurs de Lawfeld et ceux de Fontenoy.
Sur le vaisseau public, les passagers tranquilles
Coulaient leurs jours gaîment dans un heureux repos,
Et sans se tourmenter de soucis inutiles,
Sans interroger l'air, et les vents et les flots,
Sans vouloir diriger la flotte,
Ils laissaient la manœuvre aux mains des matelots,
      Et le gouvernail au pilote !

Ces vers de Chamfort, qui exprimaient si bien les

regrets de ceux dont l'imprudence avait mis le sort de la France dans les mains des avocats et procureurs des villes et des baillages, furent vivement applaudis par tous les assistants, le lieutenant d'artillerie, excepté.

Napoléon qui rêvait le monde nouveau comme tous les hommes de son âge, resta froid et silencieux. Indigné de cette désapprobation muette, M. Grégoire du Colombier se leva pour porter le grand coup et s'expliquer catégoriquement.

S'approchant de Napoléon, malgré les signes de sa femme :

— Je suis charmé, dit-il, de votre arrivée aux Basseaux, car j'allais vous écrire.

— A moi, monsieur ?

— Oui, pour vous annoncer le mariage de Caroline.

— Qui épouse-t-elle ? demanda le lieutenant après un silence.

— M. Garampel de Boissieux, que vous avez vu ici, je crois, il y a cinq ans.

S'inclinant froidement devant lui et M. de Basterot, Napoléon alla serrer la main de l'abbé de Saint-Ruf, saluer Mme du Colombier, et sortit sans dire un mot escorté par le bon abbé et la maîtresse de la maison qui, au désespoir de la sortie de son mari, ne cessa de lui répéter jusqu'à la grille :

— Consolez-vous, mon ami, vous ne perdrez qu'une femme ordinaire et cinq mille livres de rente, et votre étoile, en laquelle j'ai une foi aveugle, vous présage un avenir splendide de gloire, de fortune et d'honneurs!

IX

LES FÉDÉRÉS DU MIDI

Quoique le printemps eût renouvelé deux fois la verdure aux Basseaux, la prédiction de Mme du Colombier ne semblait pas très près de se réaliser. Montant assez lentement pour l'époque, les degrés de la hiérarchie militaire, Napoléon, qui avait échangé en 92 ses épaulettes de lieutenant en premier contre celles de capitaine en second, venait d'être nommé, le 8 mars de cette sombre année 1793, capitaine en premier au 4° régiment d'artillerie. De Nice, où il était cantonné, ce régiment reçut l'ordre de marcher contre les fédérés du Midi, et ce mouvement ramena l'ancien lieutenant des bombardiers à Valence, où l'attendait le général Carteaux.

L'insurrection que ce proconsul de la Montagne venait réprimer, était née de l'indignation du Midi et du Sud-Ouest, en voyant leurs représentants livrés sous le nom de Girondins à l'écume de la population parisienne et à une poignée de misérables qui s'appelaient insolemment la Commune de Paris et courbaient tous les jours sous les piques les députés des départements.

Seulement ce qui distinguait cette insurrection du soulèvement de la Vendée et du rassemblement royaliste de Jolès, c'était son caractère, dans le principe franchement républicain.

Les fédérés méridionaux ne trouvaient pas mauvais qu'on eût guillotiné Louis XVI ; ils blâmaient même l'appel au peuple, qui l'eût sauvé certainement malgré la Montagne et les clubs, mais ils voulaient que Paris respectât la vie et l'indépendance de leurs mandataires.

Bordeaux le lui signifia le premier par l'organe du conseil général de la Gironde, s'adressant en ces termes à ses concitoyens :

« Lorsque les ennemis de notre liberté s'avancèrent vers nos frontières, nous n'eûmes qu'à vous dire : Braves Français, la patrie est en danger et vous vîntes en foule lui offrir vos bras et vos fortunes. Ce n'est plus aujourd'hui l'ennemi du dehors que nous redoutons : des soldats citoyens, des généreux patriotes, voilà les remparts qui s'opposent à ses efforts et devant lesquels tomberont ses projets.»

« C'est dans le temple même de la liberté, c'est au sein de la Convention nationale que le danger devient plus pressant.

« Il n'est aucun de nous qui ne regarde l'assemblée de nos représentants comme le point central de la République entière, et qui, l'ayant investie de ses pouvoirs, ne désire lui procurer tous les moyens possibles de faire le bien. Elle a été formée pour assurer la liberté sans laquelle il n'est point de bonheur pour une nation. Mais comment assurerait-elle la liberté politique, si celle de ses membres n'était pas entière? Comment sera-t-elle l'organe de la volonté générale, si des hommes, avides de sang,

7.

la tiennent constamment sous la hache des factieux et le poignard des assassins? Citoyens, cet état de choses ne peut plus durer. La nation ne l'a peut-être que trop longtemps souffert, et déjà l'Europe nous reproche de laisser impunies ces provocations que se permettent des tribunes insolentes, cette lutte scandaleuse de quelques sections, d'une faible section du peuple contre les représentants de la nation entière, ce despotisme tyrannique que des brigands exercent audacieusement sur la saine portion du peuple de Paris, les crimes du 2 septembre qui révoltent la nature et dont les coupables osèrent se comparer aux hommes du 10 août et du 14 juillet. Depuis longtemps, les citoyens de Bordeaux avaient manifesté le désir d'aller, avec les autres fédérés des départements, diriger cette poignée d'anarchistes, rétablir le calme dans cette cité naguère si célèbre par son civisme et sa valeur. Aujourd'hui, le mal est à son comble, et on ne peut plus différer d'y porter un remède efficace.

« Citoyens, volez à la défense de la Convention, allez la débarrasser des factieux qui l'avilissent et bientôt, vous lui verrez reprendre cette attitude fière et imposante, qui, seule, peut assurer la gloire et la prospérité de la patrie. Les citoyens paisibles de Paris vous appellent, les vainqueurs de la Bastille vous tendent les bras. »

Peu de temps après cette proclamation qui alla retentir, avec l'adresse non moins sympathique de Marseille, sur les bancs de la Convention, Bordeaux organisa le gouvernement des sections et les arma. L'annonce de la prescription des Girondins le trouva donc prêt pour la résistance. On chassa les envoyés de la Convention et la ville fut mise sur le pied de guerre. Marseille, également irritée et avec raison, de l'affront fait à Barbaroux, son noble député, se leva des premières contre la tyrannie naissante de Paris.

Le 11 juin le conseil général des trente-deux sections monta le matin à l'Hôtel de Ville et y remplaça toutes les autorités. De Marseille à Bordeaux, l'insurrection fut générale. Toulouse, Montpellier, Nimes, Aix, Avignon, Beaucaire, Le Puy, Grenoble se fédérèrent pour venger la représentation nationale opprimée par une seule ville.

C'est pour réprimer ce mouvement dirigé uniquement contre les révoltés du parti républicain, que le Comité du salut public envoyait un petit corps de troupes, commandé par un de ces généraux qui gagnaient leurs grades dans les clubs.

Lorsque le nouveau capitaine du 4ᵉ d'artillerie eut franchi le seuil de l'hôtel de Guy, qui, pour se mettre à la hauteur des idées du jour, avait remplacé sur son enseigne des *Trois Pigeons blancs* par un énorme oiseau de proie appuyé sur cette légende : *Au Vautour national*, il se trouva en présence du chef qu'il venait rejoindre. C'était un homme de taille colossale, couvert d'un uniforme rutilant de galons et de dorures, à qui ses grandes moustaches et ses cheveux longs et tressés en cadenettes à la hussarde, donnaient tout à fait l'air d'un tambour major allemand.

Bonaparte ôta son chapeau et l'abordant avec assurance :

— Est-ce au général Cartaux que j'ai l'honneur de parler ?

— A lui-même, citoyen !

— Le comité a dû vous prévenir de mon arrivée !

— Oui, si tu es le capitaine chargé du commandement de mon artillerie.

— Voilà ma commission, général !

— C'est bien ! c'est bien ! Je te crois sur parole, car j'abhorre les paperasses.

Nous dinons à six heures ; à sept, tu passes la soirée avec moi au Club de la Fraternité, et demain en avant marche. Tu pars avec la compagnie pour escorter un convoi de poudre destinée à l'armée d'Italie et feu sur les fédéralistes s'ils se trouvent sur ton chemin !

Le lendemain, à l'aube, bien que très souffrant depuis quelques jours et pouvant à peine se tenir à cheval, le jeune capitaine partit avec sa compagnie qui se composait de vingt hommes. Mais, malgré ce petit nombre, et quoique toute l'artillerie ne consistât qu'en deux pièces de canon, il réussit à gagner Avignon sans être entamé, et à remettre le convoi au détachement qui l'attendait. Les soldats d'Italie partis, sa compagnie rejoignit Carteaux, mais il ne put la suivre, étant tombé malade chez un ami de Guy, nommé Bouchet, à qui le bon maître d'hôtel l'avait chaudement recommandé.

La protection lui fut utile. Au plus fort de la maladie, le brave négociant accourt un jour, tout effaré, et lui apprend que les fédérés marseillais qui voulaient faire leur jonction avec les bataillons du Gard et de l'Hérault, viennent d'entrer à Avignon.

— Vite ! vite ! il faut vous cacher ! c'en est fait de

nous s'ils vous trouvent ! Un officier républicain dans la ville où Jourdan Coupe-Tête a fait les massacres de la Glacière ! Les fédérés sont sans pitié !

On cacha Bonaparte à la hâte, il était temps... Bientôt la rue Calande retentit sous les pas des royalistes marseillais. Une escouade tout entière se logea d'autorité dans la maison du négociant. Bonaparte les entendit jurer avec des serments exécrables de n'épargner aucun républicain. Pendant trois jours, il resta ainsi entre deux périls mortels : la maladie et l'armée fédérée. La fièvre s'étant un peu calmée, le quatrième jour, il demanda tout bas à son hôte s'il ne pourrait pas le faire sortir de la ville et lui procurer un bon cheval.

Aiguillonné par le danger qu'il courait avec tous les siens, Bouchet tenta l'entreprise, et la fortune cette fois sourit aux audacieux. Profitant d'un orage qui vint fort à propos ébranler les murs de la cité papale, et changer ses toits en rivière, Bonaparte parvint à quitter Avignon, et les fédérés qui virent à la lueur des éclairs, un cavalier enveloppé dans son manteau, passer au galop comme un fantôme, ne se doutaient pas que ce fugitif allait revenir pour les battre et les chasser de la ville.

Un paysan qui, le voyant venir d'Avignon, ne doutait pas qu'il appartînt aux bataillons fédérés, fut son guide sur la rive droite du Rhône. Grâce aux indications du Provençal, dont le patois corse l'aidait à comprendre l'idiome guttural et rude, il parvint à s'orienter dans ces plaines brûlantes et à rejoindre le général conventionnel. Carteaux occupait, avec sa petite armée, une position appelée le camp des Allobroges, et n'était pas sans inquiétudes sur les forces et les projets de Villeneuve, général des fédérés ; qu'on juge donc de sa surprise, lorsque le jeune capitaine, lui tombant tout à coup comme une bombe, pâle, courbé par la souffrance, tremblant la fièvre et couvert des pieds à la tête de poussière et de boue, lui proposa, sans préambule, de marcher sur Avignon et de s'en emparer.

— Sais-tu, répondit le géant, en haussant les épaules, combien d'hommes a le ci-devant Villeneuve ?

— Six mille cinq cents !

— C'est-à-dire cinq fois notre nombre !

— Qu'importe ?

— Il a raison ! la République ne compte pas ses ennemis, dit d'une voix sonore un petit homme porteur d'un grand chapeau à claque, d'un costume moitié bourgeois et moitié militaire, et dont les flancs étaient ceints de l'écharpe tricolore à laquelle pendait un sabre.

— Oui, citoyen représentant, mais l'entreprise semble offrir des difficultés.

— Je me charge de tout, s'écria chaleureusement Bonaparte en s'adressant au représentant Beauvais, et réponds du succès avec mes deux canons.

Cette audace plut au conventionnel, qui donna l'ordre de lever le camp et de se mettre en marche. Arrivé auprès du rocher dit de la Justice, parce que les fourches destinées aux criminels s'y élevaient depuis des siècles, Bonaparte plaça ses pièces et dit au représentant de faire attaquer sur trois points les fédérés massés au delà du pont, le long de la rive droite du Rhône.

Cette triple attaque exécutée assez mollement par des soldats que refroidissaient leurs faiblesses et les murmures de Carteaux, fut repoussée par les fédérés.

Beauvais tournait déjà vers Bonaparte un visage irrité, quand celui-ci, démasquant ses canons qu'il pointait lui-même, tire sur la roche des Doms. Du premier coup, il démonte une pièce aux Marseillais, du second il leur tue plusieurs canonniers. L'effet de cette batterie, qui tira ensuite à mitraille sur les fédérés, fut décisif; le désordre se mit dans leurs rangs et Villeneuve se vit forcé d'ordonner la retraite.

Le soir même de cette première victoire, Bonaparte rentrait dans Avignon, et sauvait la vie de son hôte qu'on allait passer par les armes. Peu de temps après, avec ses vingt hommes et ses deux canons, il dispersait les trois cent cinquante fédérés de Beaucaire, et décidait le 25 août sur les hauteurs de Fabregoule, le succès de la journée qui abattit le drapeau fédéraliste et rouvrit Marseille aux représentants. Ces succès, dus à son esprit d'initiative et à son courage, justifiaient la confiance du comité de la guerre qui lui donna le commandement de l'artillerie destinée au siège de Toulon.

X

LE CLUB DE L'ÉGLISE SAINT-JEAN

Près d'une année avant ces événements, le commandant de Basterot, quittant les Basseaux, où les funestes pressentiments de ses amis s'efforçaient de le retenir, était venu à Toulon pour retrouver sa chère *Melpomène* Quoique son absence n'eût pas été longue, il eut peine à reconnaître la cité maritime, tant la chaleur et la violence des idées révolutionnaires l'avaient subitement transformée. Les ouvriers de l'arsenal, révoltés, n'obéissaient plus à leurs chefs : ligués avec la partie véreuse de la population, ils avaient massacré les administrateurs et le procureur général, syndic du département ; tué ou chassé tous les fonctionnaires civils ou de la marine, et installé de force dans tous les emplois des individus incapables pour la plupart, et que recommandait seule l'ardeur de leur jacobinisme.

Surpris au plus haut point d'un si brusque et si étrange changement, il s'était arrêté devant la porte de l'Arsenal et s'efforçait de déchiffrer une inscription à moitié effacée et tracée à la craie au dessus de la grille.

Un passant en carmagnole et bonnet phrygien, qui s'était arrêté pour le regarder, ôtant sa pipe de sa bouche, lui dit obligeamment :

— Vous ne pouvez pas lire, citoyen ?

— Non, qu'ont-ils écrit là-dessus ?

— Une chose qui vous intéressera particulièrement, citoyen.

- Quoi donc ?

— Sur cette porte a été pendu, le 10 septembre 1792, le contre-amiral de flotte, commandant la marine.

M. de Basterot recula d'un pas et regarda fixement le sans-culotte.

— C'est moi qui l'ai remplacé, ajouta le personnage en rallumant sa pipe.

— Vous ?

— Moi-même, citoyen.

— Il me semble que je connais cet homme, se dit à lui-même M. de Basterot.

— Vous ne vous trompez pas, commandant, répondit un troisième interlocuteur.

— Ah! c'est vous, mon cher Barrolier : quel est ce quidam ?

— Dalbarade, l'ancien corsaire.

— Je le reconnais maintenant, il me doit quelque coups de corde que je lui fis donner au Cap.

— Et qu'on te paiera, citoyen, avant que *sèigue dissalo*.

Que dit-il? demanda d'un air insouciant M. de Basterot en voyant l'écumeur de mer, s'éloigner avec des gestes menaçants.

— Il dit qu'il vous paiera vos coups de corde avant samedi.

— C'est le refrain ordinaire et comme le mot d'ordre des égorgeurs. Je suis confondu, mon ami, mais notre cher et beau Toulon n'est donc plus qu'une caverne de brigands !

— Oui, commandant, une caverne, ou plutôt une cage de tigres. Vous ne voyez rien, vous ne soupçonnez rien encore. Si vous voulez avoir une idée de l'esprit qui règne à Toulon, suivez-moi, venez à l'église Saint-Jean.

— Quelque profanation, sans doute !

— Venez, venez !

Ils se rendirent à l'église du saint jadis le plus honoré en Provence ; M. de Basterot remarquait avec indignation et chaleur, selon sa coutume, que la croix avait disparu du clocher, et était remplacée par le bonnet phrygien.

Barrolier lui toucha le bras en lui recommandant, tout bas, la prudence, et lui montra le portail où on lisait en lettres grosses et inégales cette double inscription :

Ici on se tulèye.

Fermez la porte, s'il vous plaît.

Et comme le commandant haussait les épaules de pitié, il ajouta :

— Oui, à la porte le ridicule, et l'horrible au dedans.

Ils entrèrent à ces mots et, cachés à demi par un des piliers de l'église, purent tout voir et tout entendre sans être remarqués.

Le spectacle était digne des apôtres de la Terreur. Le club des adorateurs de la Liberté et de l'Egalité tenait une séance solennelle et l'église avait peine à contenir la foule qui s'y entassait ce jour-là. A la place du grand autel, brisé comme les croix par ces furieux, s'élevait une estrade ombragée de drapeaux tricolores, mais drapés de façon à ne montrer que la bande rouge.

Au milieu, et sur un fauteuil de même couleur, siégeait Sylvestre, président du club. Il avait à ses côtés quatre assesseurs coiffés aussi du bonnet rouge, en carmagnole, et porteurs de figures ignobles et patibulaires que Barrolier fit connaître aussi à voix basse au commandant.

— Ce colosse de chair placé à la droite du président, est un compagnon provençal, tailleur de pierre de son état, qui s'appelle Josseaud, mais qui s'est surnommé lui-même le *pendeur de la ville*, titre, du reste, parfaitement justifié ; son voisin, cet être chétif, bossu, pâle comme un mort, et couvert de vêtements sordides, est un nommé Lambert, dit le *Marat provençal* ; le misérable a, comme son affreux émule, la fièvre et la rage du sang ; on dit même qu'il en a bu plus d'une fois au flanc de ses victimes.

— Quel scélérat ! murmura M. de Basterot ; voilà ce qu'on appelle à Toulon, les grands bonnets rouges.

— Quant aux deux assesseurs de gauche, le premier est le maire, démocrate imposé par le club à la place de celui qu'égorgèrent Josseaud et Lambert. D'une exaltation révolutionnaire qui touche à la démence, et protecteur du désordre, pourvu qu'il soit républicain et des assassins s'ils frappent des aristocrates, il se distingue du moins par un certain fond d'honnêteté du Jacobin qui le coudoie.

— Et qui a une face atroce et repoussante.

— Moins laide encore que son âme, mon cher ami. Ce Fignon que vous voyez là, reproduit dans toute sa hideur, la brute révolutionnaire altérée de sang, ivre de fureur et avide de pillage. On l'a vu accourir à tous les massacres et sortir des maisons des riches, les bras teints de sang et les poches pleines. Si grand est le nombre des malheureux qu'il a traînés à l'échafaud qu'on appelle la guillotine, la *maîtresse de Fignon*.

— Ce monsieur doit jouir d'un grand crédit parmi les siens ?

— Et bien ! mon cher Basterot, on le méprise, on le soupçonne. Vous voyez comment le maire affecte de lui tourner le dos et le président, ce qui est un signe mortel, n'a pas daigné répondre à ses deux interpellations. Je ne serais pas surpris qu'il n'eût son tour comme les autres, car Sylvestre, fanatique, implacable, qui ferait tomber sans pâlir la tête de son père, est d'une probité rigide, et ne lui pardonnerait pas s'il était convaincu de vol.

Le secrétaire prit la parole à ce moment, pour lire un arrêté du Directoire du département, qui cassait les certificats de civisme délivrés par les communes, et prescrivit qu'à l'avenir, les noms de ceux qui voudraient les obtenir, seraient affichés pendant trois jours sur la porte du club.

Un membre de la société se plaignit ensuite que l'inscription sacramentelle : « Unité, Indivisibilité de

8

la République, Liberté, Fraternité ou la Mort » ne figurât pas encore sur toutes les maisons de Toulon.

— Renvoyé, dit froidement Sylvestre, à la municipalité qui prendra note des retardataires.

— Je m'en charge, s'écria Fignon, avec empressement.

Mais sans lui répondre :

— Quelles nouvelles du dehors? demanda Sylvestre au secrétaire.

— Les républicains de Rodez réunis en société populaire viennent de déposer sur l'autel de la Patrie : *une paire de souliers, 27 paires de bas, un chapeau et une giberne.*

— Remerciements pour ce don patriotique aux frères de Rodez ! Et puis ?

— Les patriotes de l'Hérault ont pris une mesure excellente, qui consiste dans la réquisition forcée des volontaires, parmi les patriotes, et des capitaux chez les riches si, dans huit jours, ils ne sont pas versés spontanément.

— Exemple bon à suivre, en effet. Est-ce tout?

— Non, sur un ordre des Jacobins de Paris, notre société mère, on a mis à prix, à Marseille, la tête de cinq députés provençaux, qui ont voté l'appel au peuple, lors du jugement de Capet. Dix mille huit cents livres sont promises à qui les livrera.

Des applaudissements frénétiques couvraient cette annonce et révoltèrent tellement M. de Basterot, qu'il dit en frémissant :

— Sortons !

— Attendez, reprit doucement son ami, nous allons avoir du nouveau.

— Où voyez-vous cela ?

— Regardez ce grand diable dont la houppelande grise, ceinte d'un sabre, traîne jusqu'à terre et qui porte une toute petite cocarde à son bonnet rouge. C'est le citoyen Barthélemy, commissaire auditeur de la marine.

— Un petit employé des bureaux, il me semblait le reconnaître, malgré son air important et ses grandes moustaches.

— Petit poisson deviendra gros, si République lui prête vie. C'est déjà l'homme le plus redouté de Toulon. Mais écoutez, car ce front sombre, présage la tempête et sent la peine de mort.

Celui dont ils parlaient monta lentement dans la chaire qui servait de tribune et s'y posant en Mirabeau ;

— Citoyens, cria-t-il d'une voix tonnante, que fait-on quand un membre gangrené pourrait infecter le reste du corps ?

— On le coupe ! répondit-on de toutes parts.

— Un des nôtres s'est rendu coupable de vol et ne peut plus figurer parmi les purs adorateurs de l'Eglise et de la Liberté.

— Son nom ? cria le club tout d'une voix.

- Fignon !

L'accusé voulut protester. « A la barre ! à la barre ! » vociférèrent les clubistes.

Il s'y traîna pâle et tremblant et y fut décrété d'accusation à l'unanimité.

Barthélemy allait descendre ; le président lui fit un signe et l'on vit Dalbarade, toujours sa pipe à la bouche, monter les degrés de la chaire et lui remettre un papier.

L'auteur le déplia, y jeta rapidement les yeux et reprenant la parole :

— Citoyens, dit-il, précipitamment, je vous dénonce un ennemi de la patrie, un de ces traîtres qui conspirent avec l'étranger la ruine de la République.

— Nomme-le ! hurla cette foule passionnée.

— Le ci-devant Basterot, commandant de la division *la Melpomène* et *la Minerve*.

— Qu'il soit décrété d'arrestation !

— Je transmettrai le vœu du club à qui de droit, dit froidement Sylvestre.

Le commandant, hors de lui, voulait se montrer et répondre. Barrolier l'emmena de force, et quand ils furent dans la rue :

— Il faut vous cacher bien vite, lui dit-il, où vous êtes perdu !

— Moi, me cacher ! moi reculer devant ces drôles ! ah ! par exemple ! vous me connaissez bien ?

— Ils ont la force et vous tueront !

— Qu'ils y viennent ! Une fois à mon bord je fais pendre tous ceux qui y mettent les pieds à la grande vergue.

— Si l'on veut vous obéir !

— Oh ! je réponds de mes marins !

— La discipline est bien relâchée sur les navires, et les équipages me semblent travaillés dans un mauvais sens ; à quelle heure retournez-vous à votre bord ?

— A minuit.

8.

— Venez alors souper chez moi, qu'on soupçonne un peu, mais où, je l'espère, ils n'auront pas l'idée de vous chercher.

XI

LE COMMANDANT DE « LA MELPOMÈNE »

En acceptant l'invitation de son ami, M. de Basterot y avait mis pour condition qu'ils passeraient chez lui afin de prévenir ses gens, car il était riche et tenait à Toulon un assez grand état de maison ; il ne se doutait guère en faisant ce détour, de la surprise qui l'attendait aux Minimes où était situé son hôtel. Dès qu'on les aperçut, son valet de chambre accourut à sa rencontre et s'inclinant respectueusement :

— Monsieur rentre à propos, dit-il, et il va être bien heureux.

— Pourquoi cela ?

— Nous avons des visites.

— Bah ! elles prennent bien leur moment.

— Oh ! celles-là sont sûres d'être bien reçues.

— Qui est-ce ?

— Trois amis de Valence : Grégoire du Colombier avec un autre gentilhomme qui paraît un ancien militaire ; Madame et sa fille.

— La belle Caroline ! Ce coquin a raison, je suis charmé de trouver ces hôtes chez moi ; mon cher Barrolier, voilà ce qui renverse nos projets de fond en comble.

— Que voulez-vous dire ?

— Qu'au lieu de souper chez vous, c'est ma maison qui aura l'honneur de vous recevoir : vous verrez mes amis, cœurs excellents ! et ces dames qui sont charmantes.

— Puisque vous avez reçu l'ordre de partir, mieux vaudrait mettre à la voile tout de suite !

— Par peur de vos clubistes ! Je me croirais déshonoré de lever l'ancre cette nuit !

Barrolier se contenta de soupirer, sachant bien

que nulle force humaine n'arracherait une résolution rivée dans cette tête de fer, et il suivit en silence son ami au salon où l'attendaient, avec une vive impatience, les propriétaires des Basseaux.

Après l'échange franc et cordial des deux parts, des poignées de main, des compliments et des questions mutuelles, M. du Colombier, montrant celui qu'il amenait, dit, non sans embarras :

— Mon ami, je te présente mon gendre, M. Garampez de Boissieux, ancien capitaine au régiment de Lorraine.

Nature aussi loyale que chaleureuse, M. de Basterot alla prendre sa main, et la serrant avec l'énergie du marin :

— Chevalier, vous êtes le bien venu dans ma maison ; plus heureux que tous les rivaux, vous possédez un trésor que je vous envie, mais sans vous en vouloir le moins du monde, car je suis certain que vous êtes et serez toujours digne du bonheur qui vous est échu.

Essuyant alors une larme qui perlait, malgré lui, sur sa joue en feu, et se détournant brusquement pour ne pas voir Caroline : — Vous ne m'avez pas encore appris, dit-il à M. du Colombier, à quel saint je dois aujourd'hui cette bonne fortune ?

Grégoire indiqua du geste sa femme qui, l'appelant auprès d'elle, lui dit tout bas :

— C'est moi qui suis chargée de vous faire cette confidence.

— Parlez donc, excellente amie !

— Eh bien ! mon cher Basterot, vous voyez en nous quatre émigrés.

— Bah ! Grégoire s'y décide enfin !

— Impossible de rester plus longtemps à Valence ! Les têtes dauphinoises s'enflamment comme du salpêtre, et je crois que nos jours n'y étaient plus en sûreté.

— Je vous l'ai prédit il y a un an. Et ces bons paysans des Basseaux ?

— Gangrenés au contact des clubistes de la ville, et poussés par leurs émissaires, ils ne parlent que de courir sus aux nobles, et ont failli massacrer mon gendre parce qu'il osait porter la croix de Saint-Louis !

— Ah ! les gredins ! Je conçois que vous les quittiez.

— Nous nous sommes dit aussitôt que vous seul pourriez nous sauver et nous sommes venus.

— Et vous avez bien fait, morbleu! quoique la situation à Toulon ne soit guère meilleure qu'à Valence.

— Nous ne l'ignorons point, hélas! mais une circonstance heureuse nous a décidés.

— Laquelle?

— M. de Boissieux a lu dans un journal que vous alliez partir en croisière pour les côtes Sardes, et alors nous avons pensé...

— Qu'il y avait place pour vous quatre sur mes frégates, vous ne vous êtes pas trompés, madame, demain nous mettrons à la voile.

— Puisque vous êtes son amie, madame, s'écria tout à coup Barrolier, tâchez d'être plus heureuse que moi, en lui persuadant une chose, d'où dépend peut-être sa vie.

— Vous m'alarmez au plus haut degré, monsieur; de quoi s'agit-il donc?

— Le commandant va être arrêté, et une fois dans les mains de ces forcenés, qui ne respirent que meurtre et vengeance, un miracle seul pourrait le sauver.

— Mais que faut-il faire pour échapper à ce péril?

— Profiter du vent favorable et partir sur le champ, s'éloigner à force de voiles :

Toute la famille du Colombier se mit alors à conjurer le commandant de suivre cet avis ; mais prières, supplications, instances furent inutiles. Opiniâtre comme un Breton, M. de Basterot ne voulut rien entendre, et résistant même aux doux regards de Caroline, il jura qu'il se brûlerait plutôt la cervelle que d'avancer son départ d'un quart d'heure.

Après le souper et la soirée qui furent tristes, car l'ombre des grands bonnets rouges semblait se refléter sur les murs de la salle à manger, il suivit les convives au salon. Vers minuit, Barrolier les accompagna jusqu'à la Darse, et ne put s'empêcher de verser des larmes en disant adieu à son ami lorsqu'il passa dans la chaloupe. En arrivant sur *la Melpomène*, où flottait son pavillon, Mme du Colombier essaya encore de vaincre son obstination, mais il fut inflexible. La nuit et la matinée s'étant passées sans incident, M. du Colombier, le plus alarmé de tous, commençait à reprendre courage, quand vers les neuf heures et demie, un canot portant pavillon tricolore vint vers *la Melpomène*.

Il y a dans notre cœur une divination occulte qui manque rarement de nous avertir à l'heure du danger. Saisie d'un vague effroi, à la vue de cette embarcation, Mme du Colombier interrogea des yeux le commandant occupé à regarder vers le port avec sa lunette d'approche.

Comme s'il eût compris sa pensée, M. de Basterot frotta les verres de sa lunette à la manche de son uniforme et la remit galamment à Mme du Colombier, qui se hâta de la braquer sur le canot. A l'instant même, elle changea de visage et s'écria :

— Grand Dieu ! nous sommes perdus !

— Parce que vous voyez dans cette barque des bonnets rouges et des piques ? rassurez-vous, ma chère amie, vous allez voir si je les crains.

— Au nom du ciel ! Basterot, pas d'imprudence.

— Bah ! une heure ou deux de cette cale mouillée et ils ne s'en porteront pas beaucoup plus mal.

Cependant l'embarcation vigoureusement conduite arrivait à force de rames. Elle accosta bientôt la frégate. Le marin de garde à l'échelle, voyant cinq hommes armés de fusils, de sabres et de piques, s'apprêter à monter à bord, cria : « Halte ! » et présenta la demi-pique. Josseaud, le compagnon provençal, dont les flancs étaient ceints d'une écharpe aux couleurs de la nation, tira alors un papier de sa ceinture et ne dit que ces mots :

— Mandat de la municipalité !

Le marin s'écarta silencieusement ; Jasseaud et les siens montèrent sur le pont et allèrent droit à Basterot, qui se promenait sur le gaillard d'arrière. Là, le Provençal l'interrompant de sa voix rude et rauque :

— Est-ce toi qui es le citoyen Basterot ?

— C'est moi qu'on appelle M. de Basterot, et qui ne permets pas, faquins, aux gens de ton espèce, de tutoyer un gentilhomme !

— Nous avons ce droit aujourd'hui, mais il ne s'agit pas de cela. En vertu du présent mandat, délivré par le conseil général de la commune de Toulon, tu es décrété d'arrestation, et je te somme de nous suivre.

— Bon, ma réponse sera courte et suffisante, je l'espère. Appelez le commandant d'armes, dit-il à un des aspirants. Et quand l'officier fut venu, il lui ordonna de mettre Jasseaud et ses camarades aux fers. L'officier donna l'ordre aux soldats de marine, mais ceux-ci ne bougèrent pas.

— Est-ce que vous n'avez pas entendu? leur cria Basterot furieux.

— Si, mon commandant, répondit un sergent à tête grise.

— Et pourquoi n'obéissez-vous pas?

— Parce que la municipalité, c'est la Nation!

— Et vous autres, dit impétueusement Basterot, en se tournant vers ses marins, accourus en foule, au bruit de cette scène, trahirez-vous aussi votre commandant? l'abandonnerez-vous comme ces lâches?

Une rumeur favorable s'élevait des rangs de l'équipage; deux mots de Josseaud la calmèrent :

— Traitre à la République! dit-il, en passant,

Tout le monde se tut, ses officiers n'osèrent prendre sa défense, et les mêmes hommes qui avaient vieilli avec lui sur les mers, le virent saisir par le pendeur de la ville et trainer dans le canot, sans bouger plus que le grand mât. Ils entendirent avec la même impassibilité Josseaud répondre aux rameurs qui demandaient où il fallait aller :

— A bord du *Tonnant* où siège le conseil martial.

XII

LE TRIBUN DE 93

Le conseil assemblé sur *le Tonnant* se composait de l'ancien corsaire Dalbarade, président, de l'homme au grand sabre et à la houppelande grise qui se nommait Barthélemy et de trois juges choisis avec soin parmi les sans-culottes de la marine et des ouvriers de l'Arsenal.

Amené de force devant ce tribunal révolutionnaire

s'il en fût, et qui n'admettait pas l'innocence, M. de Basterot refusa dédaigneusement de répondre. Mais les juges de la commune toulonnaise ne s'arrêtaient pas pour si peu. Le commissaire auditeur de la marine, Barthélemy, qui remplissait les fonctions dévolues, à Paris, à Fouquier-Tinville, commença par constater en ces termes l'identité de l'accusé.

— Connaissez-vous le citoyen ici présent?

— Nous le connaissons, répondirent témoins et juges.

— Fort bien : citoyen Basterot, tu es prévenu de trahison envers la République.

— Mets qu'il avoue, dit Dalbarade ; qui ne souffle mot consent. Les témoins, vite et dépêchons !

Le premier appelé fut Josseaud qui affirma tenir d'un marin de l'escadre que Basterot conspirait avec Trogof le rétablissement de la royauté.

Interpellé à ce sujet, le commandant répondit en sifflant un air nautique.

— Le fait n'étant pas dénié reste établi. L'autre témoin ! cria Dalbarade, impatient de fumer sa pipe.

Sylvestre alors se présenta et donna sur les opinions de l'incivisme de l'accusé des renseignements si complets que le président, sans même consulter les juges, déclara la cause entendue, fit amener Basterot et dicta, tout en rallumant sa pipe, la lettre suivante à Barthélemy :

Le commissaire auditeur de la marine aux citoyens, maire, officiers municipaux et notables composant le conseil martial en permanence:

« Citoyens,

« Je vous donne avis que le conseil martial, tenu ce matin à bord du vaisseau *le Tonnant*, a condamné Basterot, ci-devant commandant la division des frégates *la Melpomène* et *la Minerve*, à subir la peine de mort.

« Ce jugement doit être exécuté sur-le-champ. L'exécution aura lieu sur le rivage de mer entre le Mourillon et la grosse Tour. Je viens de requérir le chef d'administration chargé du détail des chiourmes de faire marcher de suite l'exécuteur des jugements pour venir au département, prendre la guillotine et les boisages nécessaires pour dresser l'échafaud.

« Comme vous êtes chargés spécialement du maintien de la tranquillité publique, voyez si vous ne devez pas annoncer le jugement, l'exécution, le lieu et l'heure où elle se fera. Et surtout, vous peserez, dans votre sagesse, si vous devez convoquer la garde nationale et les autres bataillons de terre et de mer. »

Ceux qui avaient amené le malheureux commandant de *la Melpomène* au *Tonnant*, le reprirent sans rien lui dire. Il ne connut son sort qu'en passant sous la poupe de ses chères frégates, que par un raffinement de cruauté l'ex-corsaire voulut lui montrer une dernière fois. Mme du Colombier l'ayant reconnu de la dunette, où elle se promenait avec son gendre, lui ayant crié :

— Eh bien, mon ami?
— Condamné à mort, vociféra Josseaud de sa voix sinistre.

Mme du Colombier s'évanouit; en reprenant ses sens, elle était dans les bras de sa fille, et entourée des officiers de la frégate, mornes et silencieux. Comme elle s'écriait dans l'exaltation de sa douleur;

— Eh quoi ! messieurs, vous n'empêcherez pas ce meurtre ?

Le capitaine de *la Melpomène* lui répondit en soupirant :

— Vous l'avez vu, madame ! nous n'avons plus de pouvoir sur nos marins.

— On le laissera donc assassiner par ces brigands ?

— Un seul homme pourrait le sauver maintenant.

— Quel est cet homme ? Son nom ? dites-le moi, et s'il est à Toulon, je tomberai à ses genoux, et je le prierai, je le supplierai tant, qu'il ne me refusera pas son salut et sa grâce.

— Cet homme est le président du club des adorateurs de la Liberté.

— Son nom seulement ?

— Il s'appelle Sylvestre !

— Sylvestre ! un peintre de Paris ?

— Oui, il en vient, dit-on.

— Dieu soit béni ! Notre ami est sauvé ! Faites-moi conduire chez lui sans perdre une minute.

Bien qu'il fut loin de partager cet espoir, le capitaine choisit quatre marins parmi ceux qui hantaient fréquemment le club et leur ordonna de prendre

9.

cette dame dans son canot et de la conduire chez l'homme le plus puissant de Toulon à cette époque.

Ce souverain de la plèbe toulonnaise logeait dans une des ruelles les plus sombres et les plus sales de la ville, chez un cordonnier en vieux. Pour accéder à sa chambre, située au premier étage, il fallait traverser la boutique ou plutôt l'échoppe du *pégou* (l'homme à la poix), dont l'atmosphère, empestée par l'odeur du cuir, la fumée d'un morceau de viande cuisant sur le charbon et les vapeurs âcres qu'exhalait une vieille pipe, faillirent renverser Mme du Colombier.

Aussi était-elle à moitié asphyxiée, lorsque, après avoir gravi un étroit escalier qui fléchissait et criait à chaque marche sous les pas, elle se trouva en présence du tribun Sylvestre, assis devant une table de bois blanc, à demi couverte de journaux et de papiers divers et qui commençait son dîner, dont le menu ne démentait pas son austérité républicaine. Il ne se composait, en effet, que d'une *garbaze* (soupe au choux du Midi) du morceau de viande, dont la fumée chaude et trop odorante, montait d'en bas, par l'escalier, et d'un *chanteau* de pain bis, posé à côté d'une cruche vernie et pleine d'eau.

Sans montrer aucune surprise à la vue de la châtelaine des Basseaux, il indiqua de l'œil une chaise et continua son repas lacédémonien. Très choquée de la réception, Mme du Colombier lui demanda, avant de s'asseoir, s'il la reconnaissait.

— Oui, vous êtes la citoyenne Grégoire.

— Mon cher Sylvestre, si vous m'en croyez, vous renoncerez, dans notre entretien, à cette phraséologie absurde, imitée de l'antique, et aussi ridicule, au temps présent, que si j'allais copier, dans leurs cercueils de bois de cèdre, la robe des momies d'Egypte. Souvenez-vous donc que nous sommes en France, et non à Sparte ou à Rome, et parlons français. Si ce n'est pas la raison, la politesse doit, au moins, vous y obliger en faveur d'une dame. La...

— La Convention a supprimé le vieux formulaire. Un peuple qui se régénère et qui veut être libre, oublie la langue de l'esclavage et de la tyrannie.

— Ce peuple, Sylvestre, devrait commencer sa régénération par ses mœurs et non par des mots, enterrés depuis deux mille ans, avec les peuples chez qui ces mots eurent un sens.

— Ils en auront bientôt, pour la nation, comme pour les patriotes.

— J'en doute, à moins d'exterminer les deux tiers du peuple français.

— Pourquoi pas, s'il le faut pour rétablir la République ?

— Mais, malheureux ! vous la fonderiez dans une mer de sang !

— L'homme ne vit qu'un jour, et les nations vivent des siècles ! Qu'importe qu'on abrège l'existence de quelques êtres, condamnés à mourir, pour le bien de tous, et le progrès saint de l'humanité !

— Ce fanatisme m'épouvante, car je vous connais assez pour savoir qu'il est pur dans sa source, et dégagé d'intérêt humain.

— L'idée, l'idée seule, en effet, me brûle de ses flammes, et je n'ai qu'un phare et qu'un guide en ce monde, l'étoile de la Liberté !

— Puisse-t-elle vous conduire, vous et les vôtres, au but rêvé par tous ceux qui ont comme moi, beaucoup aimé Rousseau ! En attendant je viens vous demander une grâce.

— Et comme il gardait le silence, elle ajouta, non sans tâcher de dominer son émotion :

— Vous connaissez M. de Basterot, vous vous êtes trouvés chez moi ensemble ?

— Je l'y ai vu, effectivement.

— Figurez-vous que le commandant qui a un excellent cœur, mais une tête de linotte, aura commis quelque imprudence, à la suite de laquelle on l'a condamné à mort ! Vous le saviez !

— J'ai là son jugement qui va être exécuté !

— Mais vous ne le permettrez pas ?

— Pourquoi donc ?

— Mais parce qu'il est innocent !

— Aucun noble ne l'est aujourd'hui ; la Convention a mis hors la loi tous les aristocrates de France.

— Je vous demande instamment la grâce de celui-ci, me la refuseriez-vous ?

— Oui, car c'est mon devoir.

— Vous avez donc tout oublié, l'accueil que vous reçûtes chez moi aux Basseaux, l'amitié presque maternelle que je vous témoignai, les tendres sentiments que vous inspirait Caroline et, qui, sans mon mari..

— Non, vous me préfériez l'officier d'artillerie ?

— Ainsi, vous ne voulez rien faire pour moi ?

— Si ! je peux vous donner un certificat de civisme !

— Et pour Basterot ? Rien ?

— Si, l'exécution doit avoir lieu à quatre heures, je peux la fixer à trois !...

— Adieu ! dit Mme du Colombier se levant avec indignation, j'ai deux regrets bien vifs en ce moment : l'un de vous avoir connu, et l'autre de m'être imaginée que vous aviez une âme !

Le même jour, à trois heures précises, le commandant de Basterot fut conduit sur un échafaud dressé au bord de la mer, entre le Mourillon et la grosse Tour et guillotiné, à la vue de toute l'escadre et d'une partie de la population de Toulon, composée des ouvriers de l'arsenal et des forçats ! Aux deux côtés de l'échafaud, s'élevaient des potences où étaient exposés deux marins condamnés aux galères, pour avoir osé blâmer la condamnation de leur chef.

Après l'exécution, Sylvestre remit à Josseaud une carte, au dos de laquelle étaient écrits les noms de M. du Colombier et de Boissieux, en lui recommandant ces suspects d'une façon particulière.

XIII

LE PETIT GIBRALTAR

Cette prophétie troubla plus d'un cœur parmi les sectionnaires, et le spectre du jacobin guillotiné apparut plus d'une fois, comme l'ombre de Banquo dans l'église Saint-Jean. Le comité général seul, qui usurpait peu à peu le pouvoir des sections, ne s'en inquiéta nullement.

Les hommes qui le composaient et qui étaient,

comme Chassegros. commandant d'armes, Puissant, ordonnateur de la marine, l'amiral Trogof et Doumet, commandant de place, dévoués tous à l'ancien régime, démasquèrent graduellement leurs projets.

Ils instituèrent d'abord un tribunal populaire, mirent le général royaliste Wimpfen à la tête de la garde nationale, et, pour réveiller les idées religieuses, ils firent voter, par les sections, le couronnement de la Vierge qui eut lieu avec un éclat et une pompe extraordinaires, que suivirent un *Te Deum* chanté au bruit du canon et une procession générale ; à mesure que ces intentions équivoques éclataient aux yeux des patriotes de la flotte et de l'arsenal, l'émeute grondait avec force et l'on n'avait pas trop pour la contenir de toutes les baïonnettes des sections.

Bientôt Toulon, ayant été mis hors la loi par la Convention, plus redoutable que Beauvais, et les communications étant coupées du côté de Marseille par l'armée de Carteaux, qui avançait rapidement et, d'autre part, par les flottes combinées des Espagnols et des Anglais, fermant la mer, la faim vint ajouter ses aiguillons à la colère de plus en plus ardente des marins et du peuple.

Alors le comité général, reconnaissant son impuissance à résister au dehors à la Montagne et au dedans aux tentatives, sans cesse renouvelées, des patriotes, consomma l'acte qu'il méditait depuis sa création, et en proclamant Louis XVII, traita, le 27 août, avec l'amiral Hood et s'engagea à lui livrer le fort et la rade.

Quand ce marché fut connu, tout ce qui n'était pas sectionnaire frémit d'indignation et de honte. Si un seul homme de tête s'était rencontré dans l'arsenal ou sur la flotte, jamais les vaisseaux anglais n'auraient doublé le cap Cépet. Mais la grande énergie ne se montrait nulle part, et le peuple et les marins, qu'animait seuls, le sentiment patriotique, avaient beau chercher, avec rage, un chef parmi les officiers, ils ne le trouvaient pas.

En attendant, le comité commençait dans les ténèbres son œuvre criminelle.

Au milieu de la nuit du 28, nuit néfaste et maudite, lord Elphinstone, débarqué au port des Hettes à la tête de quinze cents Anglais, portant des lauriers au shako, s'avançait, comme un voleur, vers le fort La Malgue, guidé par un détachement de garde.

nationale, et en recevait les clefs des mains d'un membre du comité général.

Les imprécations de la foule ameutée devant la maison de Roux, et les cris et les huées des femmes apprirent à Mme du Colombier ce qui venait de se passer.

Roux, qui avait failli être écharpé vingt fois en chemin, rentrait en ce moment, pâle et couvert de poussière. Dès que la garde nationale eut balayé la rue et qu'on n'entendit plus que de loin ce cri poussé avec fureur : « *Les traîtres à la Lanterne !* » elle s'approcha du bridier et lui dit d'une voix émue :

— Ce que j'ai cru entendre est-il possible ?

Roux secoua la tête et ne répondit pas.

— Vous avez livré le fort aux Anglais ?

— Il l'a bien fallu : l'armée révolutionnaire s'avance, et seuls nous ne pouvions lui résister.

— Mieux valait la mort, Monsieur Roux, que cette trahison et cet appel à l'étranger !

— Les Anglais sont les alliés de notre roi !

— Quel roi ? Louis XVI par malheur n'existe plus.

— Nous avons proclamé son fils Louis XVII.

— Et vous voulez appuyer son trône sur les baïonnettes des ennemis séculaires de sa race et de sa nation?

— La nécessité nous y force, madame !

— Il n'en est pas d'assez puissante pour excuser le déshonneur.

— Comme vous êtes sévère !

— Parce que je vous estimais, que j'honorais votre courage et votre énergie dans le péril. Maintenant...

— Achevez votre pensée, dit Roux à voix basse.

— Eh bien ! maintenant que je vous vois résolu à ne pas reculer devant une action qui me paraît le plus grand des crimes, je vous serai toujours reconnaissante du service que vous m'avez rendu, mais je ne resterai pas une heure de plus sous le toit d'un allié des ennemis de mon pays.

Roux eut beau s'efforcer de la retenir, elle quitta sa maison sur-le-champ, et contre son habitude, M. du Colombier fut pleinement de son avis.

Les événements qui suivirent n'étaient pas de nature à lui faire regretter sa détermination.

Le lendemain, les équipages de vingt-huit navires portant pavillon tricolore virent le drapeau anglais flotter sur le parapet supérieur du fort La Malgue, et l'amiral Hood entrer avec ses vaisseaux en ligne de bataille, dans cette rade d'où Trogof, membre du comité général, avait retiré les nôtres, la veille.

A la vue des Anglais, un cri immense sortit de tous les entreponts. Les marins demandaient le combat avec rage, et malgré leurs officiers, malgré les prières des maîtres qui se jetaient à leurs genoux, ils voulaient tous repasser les deux chaînes et aller se ranger à côté de Saint-Julien, dont le vaisseau *le Commerce-de-Marseille*, embossé en tête de rade, montrait fièrement ses canons aux Anglais. Malheureusement, ce Saint-Julien était un traître ou un lâche. Au moment où, le cœur palpitant de cette dernière espérance, sept mille Ponentais (matelots bretons) n'attendaient, pour quitter Trogof et courir à l'ennemi, que la bordée du vaisseau, resté à son poste, on aperçut une chaloupe, faisant force de rames et où brillait des uniformes. C'était Saint-Julien qui fuyait sans combattre, en criant au brave Bouvet, du *Patriote*, le seul capitaine qui eût fait son devoir, que tout était perdu. Le surlendemain les sept mille Ponentais se faisaient mettre à terre et partaient pour rejoindre l'armée de Carteaux, tandis que des canots pavoisés aux couleurs étrangères débarquaient devant l'Hôtel de Ville l'amiral espagnol, Juan de Fongara, et les généraux Goodal, Gravina, Moreno, Malgrave et Hood, qui, reçus par le comité général des sections, prirent possession de Toulon au nom de Sa Majesté britannique.

Il n'y avait pas huit jours que les escadres combinées avaient débarqué sur le sol provençal 10.600 Anglais, 14.500 Espagnols ou Napolitains et 3,000 Piémontais que le comité royaliste, ne dissimulant plus son opinion, traitait pompeusement leurs chefs, lorsqu'on vint remettre à son président, l'adresse de la convention aux Français du Midi.

Après avoir flétri à grand renfort d'épithètes, selon la mode politique du temps, l'acte antinational des Toulonnais, la Convention, sans paraître se douter que les excès de ses sectaires entraient pour beaucoup dans ce crime, s'écriait avec son enflure ordinaire :

« Vengeance, citoyens ! qu'ils périssent tous ceux qui ont voulu que la République périt ! Et vous, départements du Midi, vous serez tous complices de ce déchirement de la France, si vous ne vous empressez pas d'en punir les auteurs. Vous seriez accusés, par la Nation, de partager les sentiments odieux des habitants de Toulon, si, en apprenant l'horrible nouvelle, vous n'alliez cerner cette ville infâme... »

Oubliant dans sa fureur patriotique qu'elle avait fondu les cloches, la Convention ajoutait sur le même ton :

« Que le tocsin retentisse dans toutes les contrées méridionales pour vous précipiter sur les Toulonnais, plus coupables encore que les traîtres émigrés. Que la vengeance soit inexorable ; ce ne sont plus des Français, ce ne sont plus des hommes! Que les lâches habitants de Toulon, l'horreur et la honte de la terre, disparaissent enfin du sol des hommes libres ! »

Après cette lecture et celle du décret qui mettait hors la loi l'amiral Trogof, l'ordonnateur Puissant et le capitaine des armes, le président Lespéron s'entretint un instant avec ses collègues et envoya ensuite les deux pièces au bourreau pour qu'il les brûlât en public.

Le contact de l'étranger et la vue des uniformes rouges avaient tourné la tête à ces hommes.

Après avoir formé le 11 septembre un petit bataillon sacré de jeunes nobles et d'émigrés, ils crurent pouvoir enfin se montrer à découvert et, considérant que depuis la restauration de la royauté il ne devait plus exister à Toulon des marques de l'anarchie, ils prièrent la municipalité de faire effacer les noms que le club avait donné aux rues de la cité. S'ils s'étaient bornés à décréter des mesures semblables, il n'y avait rien à dire, mais le retour vers le passé fut brusque et violent. On rétablit le gibet parallèlement à l'échafaud, et le bourreau pendit et guillotina des deux mains.

Puis, comme l'habitude de verser le sang devient une fureur quand la chaleur des réactions exalte les partis, le tribunal martial se mit à fonctionner avec une ardeur à rendre jaloux Fouquier-Tinville.

Toutes les nuits, des barques allaient chercher dans les flancs du *Thémistocle*, où étaient entassés les patriotes, une fournée de prévenus qui passaient immédiatement du tribunal à l'échafaud.

Ces meurtres juridiques firent tant de victimes que les Anglais eux-mêmes s'en émurent.

L'amiral Hood, tout glacial qu'il était, les arrêta et enjoignit aux royalistes de laisser reposer le bourreau.

Ils allaient avoir à remplir une tâche plus difficile.

L'orage amassé contre eux dans le Nord s'avançait rapidement et déjà grondait à leurs portes. Le 1ᵉʳ septembre, un délégué de Lyon, assiégé depuis vingt-quatre jours par l'armée révolutionnaire, vint annoncer à l'Hôtel de Ville l'approche de l'armée de Carteaux qui avait franchi les gorges d'Ollioules.

XIV

LOUIS XVII ET LES ANGLAIS

Les généraux de la Convention étaient d'excellents patriotes, mais ignorants comme des tambours du métier de la guerre et de la conduite des armées. Lorsque Carteaux eut franchi les gorges d'Ollioules, couloir de granit que barrent à droite et à gauche deux murs de roches inaccessibles, le commandant de son artillerie, Bonaparte, lui conseilla de se retrancher en avant du défilé pour attendre les traînards et l'arrivée des mortiers et des grosses pièces.

Cet avis parut trop timide au général en chef. Il répondit fièrement que le patriotisme était le meilleur retranchement et qu'il défiait ces traîtres Toulonnais d'oser sortir de leurs remparts.

Il fallait changer de sentiment le lendemain.

Les généraux étrangers ayant fait reconnaître sa position, vinrent l'attaquer avec sept mille sectionnaires, précédés d'une avant-garde d'Anglais et d'Espagnols aux ordres du colonel Elphinstone et le refoulèrent au delà des gorges. Reconnaissant alors sa faute, il appela le jeune capitaine et lui donna carte blanche pour la reprise du défilé. Bonaparte parvint pendant la nuit à faire hisser, à force de bras et de cordages, deux pièces sur la crête des rochers, avec lesquelles il canonna vivement les alliés pendant que les républicains, s'engageant en colonne serrée dans ces Thermopyles provençales les enlevaient à la baïonnette et occupaient Sainte-Barbe et Evénos, les deux clefs de Toulon du côté de l'ouest.

En même temps, le général Lapoype prenait position, avec environ trois mille hommes, sur le littoral de l'est.

Voici quel était alors l'état de défense de Toulon. Enfoncée, comme on sait, entre d'énormes montagnes arides et nues qui la cachent de trois côtés, cette ville fait face à la mer au midi et la touche par les bassins de la marine marchande et de la marine militaire, liés eux-mêmes par un chenal à la petite et à la grande rade. Sur le plateau méridional et découvrant à la fois sur trois aspects opposés à la ville et les deux rades, s'élève le fort La Margue où flottait le drapeau anglais.

A l'opposite, la redoute de Faron couronnait, comme aujourd'hui, les montagnes du nord, défendues en outre par le fort du même nom et les forts d'Artigue et de Sainte-Catherine, bâtis en amphithéâtre du sommet à la base de ces massifs inaccessibles. Une autre ceinture de forts entouraient l'est et le nord-ouest, la tour de l'Equillette ; les forts de Balaguier, Caire, Mulgrave et du Petit-Gibraltar complétaient au sud le système de défense.

Pour passer sous le feu de toutes les citadelles et des vaisseaux embossés sur la plage de Lassigneau, et franchir les remparts, Carteaux, en vrai **général** des clubs, avait un plan infaillible et qu'il fit connaître en ces termes aux représentants envoyés pour presser le siège : « L'artillerie foudroiera Toulon pendant trois jours, le quatrième, je marche sur la ville avec mes lapins formés en trois colonnes et je l'enlève à la baïonnette. »

Les représentants se regardèrent, et Gasparin, l'un d'eux, voyant un sourire imperceptible sur les lèvres du commandant de l'artillerie, le prit à part et causa quelques instants avec lui, dans le coin d'une baraque en planches, qui servait de quartier général ; lorsqu'il revint vers Carteaux, parfaitement fixé sur ses aptitudes militaires, celui-ci l'emmenant mystérieusement et s'arrêtant sous un micocoulier auprès duquel était un banc :

— Tu viens de parler, dit-il, au commandant de mon artillerie, comment trouves-tu ce jeune homme ?

— D'une capacité hors ligne pour son âge.

— Oui, il ne manque pas de feu et montre bien des dispositions ; je l'ai bien formé depuis qu'il sert sous mes ordres, mais cependant je désire qu'il soit remplacé.

— Bah ! il a pourtant d'excellentes notes et de bons états de service...

— Oui, oui, je ne dis pas, mais son instruction est défectueuse.

— Tu m'étonnes, citoyen général; il passe pour le meilleur mathématicien de l'armée.

— Mathématicien, c'est possible, mais je dois te l'apprendre enfin, il ne sait pas la géographie.

— Par exemple !

— C'est comme je te le dis, citoyen ; l'autre jour, en montrant la carte et appuyant son doigt sur Balaguier, il s'est écrié à deux reprises : c'est là qu'est Toulon !

— Il suffit, citoyen général, on fera droit à ta requête et il y aura bientôt un changement dans l'armée du Var.

Il ne se fit pas attendre, en effet; seulement comme l'influence des clubs était toute puissante au comité de la guerre, au général incapable mais brave de sa personne, on substitua un médecin savoyard, tout aussi ignorant et si lâche qu'il fit sonner la retraite et prit la fuite la première fois qu'il vit le feu.

Tandis qu'on attendait au camp la grosse artillerie qui n'arrivait pas, et un véritable général, l'anarchie agitait violemment la ville. Les vainqueurs étaient divisés : deux tendances bien opposées, et s'accen-

10.

tuant toujours davantage, creusaient entre les royalistes et les Anglais, une ligne de démarcation chaque jour plus large et plus profonde.

Le comité des sections, qui poursuivait avec ardeur son plan de restauration monarchique, après avoir remplacé les couleurs nationales par l'ancienne cocarde et le drapeau blanc, voulut appeler monseigneur, le frère de Louis XVI, qu'il avait nommé régent du royaume. Mais lord O'Hara, gouverneur de Toulon, s'y opposa, sous prétexte que la présence du comte de Provence blesserait l'autorité de S. M. Britannique. Le comité murmura; il l'annula complètement et lui prit même l'hôtel où il tenait ses séances pour y loger l'amiral espagnol. Barrolier n'ayant pas déménagé assez vite, les Anglais jetèrent par la fenêtre tous les registres et tous les papiers du comité. La garde nationale se plaignit, elle fut dissoute, et pour bien montrer qu'ils étaient les maîtres, lord O'Hara et sir Gilbert Elliot défendirent les assemblées des sections.

Le châtiment qui suit de près toute mauvaise action, frappait ainsi de toutes parts les alliés de l'étranger. Le peuple, réduit aux abois, les chargeait de malédictions. Hood, qui cassait, depuis un mois, toutes les délibérations de l'Hôtel de Ville, finit par casser aussi le comité général, qu'il remplaça par un comité particulier composé de quatre membres de son choix, ne recevant d'ordres que de lui seul.

Bien dure fut alors la condition de ceux qui l'avaient appelé. Les rations de biscuit avec lesquelles on avait nourri jusque là les sections étaient diminuées de moitié, et l'insolence des alliés croissant en proportion de la détresse des habitants, on n'entendait que plaintes, on ne voyait que gens errants ou expulsés de leurs maisons.

Rentrant un soir, plus tard que de coutume au bras de son mari, Mme du Colombier aperçoit, assis sur une pierre et la tête basse, un homme dont les traits ne lui semblent pas inconnus. Elle s'approche et trouve Roux, l'ancien orateur des Minimes; le Masaniello monarchique de Toulon. Comme il paraissait plongé dans une douloureuse méditation :

— Que faites-vous là, monsieur Roux, dit-elle en lui touchant le bras?

Il tressaillit, et se redressant de toute sa taille :

— Vous aviez raison, madame, vous aviez bien raison de me dire : point de pacte avec l'étranger?

— Vous avez cru prendre un soutien et vous vous êtes donné un maître !

— Oui, un vengeur qui nous punit !

— Que vous est-il donc arrivé ?

— Tout à l'heure, deux officiers anglais sont venus avec une escouade et m'ont chassé de ma maison !

— Expiation providentielle! murmura Mme du Colombier, mais vous m'avez recueillie quand j'étais en péril, venez, monsieur Roux ! tant qu'il me restera un toit pour couvrir ma tête, il y aura place pour vous !

Nuit sinistre que celle-là pour d'autres que pour M. Roux. Minuit venait de sonner à l'horloge de la grosse tour. Dans les cachots du fort La Malgue régnait un profond silence qui fut troublé tout à coup par des pas furtifs et le grincement des clés. Un homme, enveloppé d'une cape noire et qui ressemblait à l'exécuteur de la haute justice, entra dans la cellule où dormait Pierre Bayle, l'un des représentants incarcérés par ordre du comité général. Ce qui se passa dans ce lieu sombre et sans écho, les ténèbres le voilèrent. Le lendemain seulement, on annonça que le Montagnard s'était étranglé dans sa prison.

Un autre mystère qui se répétait à voix basse préoccupait singulièrement l'opinion publique.

On disait que Trogof n'avait pas livré l'escadre aux Anglais. Le comité, sur son refus de commettre cette trahison, s'était emparé de sa personne et avait agi en son nom. Ce qui semblait justifier cette rumeur, c'est qu'il avait disparu depuis l'entrée des alliés, et que sa signature ne figurait sur aucun des actes du gouvernement de Louis XVII.

Instruit de cet état de choses et de la confusion mêlée du découragement qui régnait dans la ville, les assiégeants n'attendaient plus, pour lui porter le dernier coup, que le général nommé à la place de l'ignare Doppet ; il arriva dans les premiers jours de décembre. La République, cette fois, avait eu la main heureuse.

Dugommier avait l'énergie et la bravoure d'un lion. Modeste autant que courageux, il reconnut sur-le-champ la supériorité morale du jeune commandant de vingt-quatre ans et subordonna aussitôt son initiative à la sienne.

Les opérations, dès lors, marchèrent à pas de géant. Bonaparte avait élevé vis-à-vis de Malbouquet une formidable batterie composée de six pièces de 24, dont les boulets lancés jour et nuit avec la précision de nos pointeurs, menaçaient de raser le fort. Les alliés, ayant fait une sortie au point du jour pour l'enclouer, réussirent d'abord et allaient s'emparer des pièces. Mais leur succès fut de courte durée. Repoussés à la baïonnette par le général Dugommier, qui fut blessé au bras et à l'épaule, ils laissèrent le terrain couvert de morts, et le gouverneur de Toulon, lord O'Hara, fait prisonnier.

Tandis qu'on se disputait dans la ville, et que les sectionnaires, poursuivant leurs alliés des soupçons les plus injurieux, accusaient O'Hara de s'être laissé prendre pour vendre Toulon, Bonaparte préparait l'attaque décisive.

Le 18 décembre, ou comme on disait dans le camp, le 26 frimaire, 30 pièces de 24 tirèrent toute la journée. Huit mille bombes éclatèrent contre les fortifications et, à quatre heures du soir, les colonnes d'attaque se mirent en marche sur le village de Seyne. Le temps était affreux, une pluie battante et le mauvais état des chemins pouvaient refroidir l'ardeur des soldats. Mais, animés de l'esprit de leurs chefs, ils ne montraient que l'impatience d'entendre sonner la charge.

Ce moment arriva à une heure après minuit, par une averse épouvantable. Deux colonnes, commandées par Laborde et Victor, ou plutôt une faible partie de ces colonnes, se porta au pas de course sur la fameuse redoute anglaise appelée le Petit-Gibraltar et y pénétra avec la bravoure française. Le feu meurtrier qui en partait força néanmoins les soldats à sortir par les embrasures qu'ils avaient escaladées ; Dugommier toujours à leur tête, ils rentrent, ils ressortent encore. Pendant deux heures, ce fut un volcan inaccessible.

Tout ce que l'audace dans l'attaque, l'opiniâtreté dans la défense peuvent déployer des braves, fut épuisé de part et d'autre. Mais enfin la ténacité anglaise céda au courage et au génie français ! Bonaparte avait détaché pendant l'action, le capitaine Maurin, son adjudant, avec un bataillon de chasseurs. Celui-ci rallia une portion retardataire de colonne, et guidé par les habitants de la Seyne, il rentra dans la redoute du côté de l'est : alors les Anglais l'abandonnèrent.

Elle était défendue par une force majeure en hommes et en armes, par vingt-huit canons de tout calibre, quatre mortiers, une double enceinte, un camp retranché, des chevaux de frise, des puits, des buissons épineux et le feu croisé des trois autres redoutes.

Le général Lapoype, de son côté, n'était pas resté inactif; marchant en même temps que Dugommier avec les représentants du peuple, il avait emporté la redoute de Faron.

Si Carteaux eût été présent, il aurait vu que la géographie de Bonaparte était bonne, et que Toulon était, en effet, à Balaguier. Quand le 19 au matin, les proclamateurs de Louis XVII aperçurent le drapeau tricolore sur les hauteurs de Faron et sur le Petit-Gibraltar, ils se sentirent glacés d'une terreur mortelle.

Aussitôt toutes les familles compromises songent à la fuite, et transportent sur le quai leurs meubles et leurs objets précieux.

En un clin d'œil, les pyramides de coffres, de meubles et de ballots s'élèvent sur le port et en couvrent les dalles, depuis la porte d'Italie jusqu'à l'Arsenal.

L'embarquement commence, et pendant 24 heures, aux éclats de l'artillerie républicaine qui bombardait les villes de Faron et de Malbouquet, vingt mille personnes entassées sur le port se disputent une chaloupe, un canot, un mât de navire.

La Darse était couverte d'embarcations, de malheureux cherchant à gagner les escadres alliées à la nage, de bateaux surchargés et sombrant sous le poids de la cargaison.

Effrayés de cette masse d'émigrants et en redoutant l'embarras pour leurs navires, les Anglais les repoussèrent d'abord. Des boulets partis du *Victory*, où flottait le pavillon amiral, coulèrent bas plusieurs barques chargées de fuyards. A cette vue, l'amiral espagnol Longara ne put cacher son indignation. Se penchant sur la dunette de son navire, il appela du geste les bateaux qui erraient sur la Darse et accueillit tous les passagers qu'ils portaient. Les Napolitains ayant suivi son exemple, Hood se vit forcé de retirer ses ordres inhumains. Mais quand les membres du comité général, les municipaux et les présidents des sections eurent abandonné au fer des vainqueurs la malheureuse population qu'ils avaient perdue, il fit le signe d'appareillage et amena en Angleterre trois vaisseaux, onze frégates-corvettes ou bricks en tout quinze de nos bâtiments royaux sous pavillon blanc.

11

Sidney Smith, un ancien corsaire, était resté pour brûler le reste de la flotte française, les magasins, les ateliers et l'arsenal. Il réussit à mettre le feu aux frégates *l'Iphigénie, la Caroline* et aux corvettes *l'Auguste, l'Alerte* et *la Sérieuse*.

Au pétillement des flammes, se mêla bientôt le bruit des marteaux avec lesquels les forçats brisaient leurs fers. Au signal donné par sir Gilbert Elliot, le lieutenant Tupen incendia le grand magasin et celui qui renfermait les chanvres. Deux cent cinquante tonneaux de goudron répandus sur le bois de sapin firent jaillir les flammes à une hauteur prodigieuse; les lieutenants Peters et Midleton brûlaient, en même temps, l'atelier des mâtures. Au milieu du fracas des boulets et de ce terrible incendie, les chants républicains des troupes qui approchaient au pas de charge perçaient les airs et se mêlaient aux cris d'effroi des habitants : « Voilà Carteaux ! »

Tout à coup éclate une explosion épouvantable qui fit trembler la terre et bouillonner la mer.

C'était la frégate *l'Iris*, chargée de plusieurs milliers de barils de poudre, qui sautait en couvrant la ville et la rade d'un immense rideau de feu.

Cet embrasement éclaira l'entrée de l'armée républicaine. Les représentants venus pour châtier la ville marchaient en tête. Une foule éplorée, suppliante, accourait a leur rencontre, espérant les fléchir : ils la firent ranger contre les murs et ordonnèrent de charger les canons et les armes. Avant que le signal lugubre ne fût donné, le commandant de l'artillerie ayant reconnu aux premiers rangs, Mme du Colombier et les siens, alla les retirer de cette première fournée de victimes, et s'éloigna ensuite avec eux et le brave Dugommier, laissant, après avoir fait noblement leur devoir de soldats, les conventionnels sans pitié faire leur tâche de bourreaux.

FIN

LETTRES INÉDITES DE NAPOLÉON IER

LETTRES INÉDITES DE NAPOLÉON

Recueillies par L*** F***

Le style est l'homme.

Avertissement

On a prétendu que Bonaparte n'avait point encore aimé lorsqu'il connut Mme de Beauharnais. Cette erreur doit être détruite par la publication de ces Lettres où le lecteur reconnaîtra sans peine le cachet de cet homme extraordinaire.

Ces Lettres étaient depuis longtemps entre les mains des héritiers de Mme *** : ils les conservaient comme un monument précieux, bien qu'elles attestassent la faiblesse de leur parente. Après mille sollicitations, ils nous ont permis d'en prendre des copies, et de les communiquer, à condition que nous substituerions les initiales V. D. à celles du nom de leur parente.

Voici quelques détails peu connus sur les relations de Bonaparte et de Mme ***, que nous appellerons V*** D***.

Cette dame, jeune et belle, était originaire de Lyon. Elle habitait Valence en Dauphiné, lorsque Bonaparte arriva dans cette ville avec le régiment de La Fère (4e artillerie), où il servait comme lieutenant en second. Il prit un logement dans la maison de Mme Bout, maison acquise depuis et occupée depuis par M. Fiéron, homme de loi.

Le jeune officier d'artillerie fut bientôt accueilli dans les principales sociétés, et connu de tous les habitants de Valence, qui le surnommèrent *Le Petit Cadet*.

On lui avait beaucoup parlé de la beauté de Mme ***, chez qui plusieurs officiers se réunissaient chaque soir ; il la vit et en devint éperdument amoureux.

Bonaparte était alors petit, maigre et d'un abord

assez désagréable, quoique ses traits fussent d'une régularité parfaite; mais il avait l'esprit vif, délié, et il possédait des connaissances fort étendues pour son âge. M·m·e· D··· ne put résister à ses brûlantes déclarations, et elle oublia avec lui les devoirs sacrés de l'hymen

M. D··· ne tarda pas à soupçonner leur coupable intelligence, et, pour détourner sa femme de cette folle passion, il l'emmena à Marseille où l'appelaient des affaires peu importantes. Ce voyage lui devint funeste : arrêté comme *suspect* trois jours après son arrivée, il fut jeté dans un cachot où il mourut de désespoir.

On fit d'abord courir le bruit que M·me· D··· l'avait empoisonné d'après les conseils de son amant; mais cette accusation, que semblait accréditer un voyage que Bonaparte fit à Marseille dans ces entrefaites, fut bientôt démentie; et tout le monde demeura convaincu qu'ils étaient étrangers à cette mort.

Les relations de M·me· D··· avec Napoléon continuèrent à l'insu des habitants de Valence jusqu'au départ de celui-ci pour l'île de Corse, en 1791. Peu de temps après, M·me· D··· vint se fixer à Paris, où son amant, appelé par le général Paoli, ne tarda pas à la

11.

rejoindre ; ils y vécurent dans la plus grande intimité jusqu'au moment où Bonaparte fut nommé commandant d'un des bataillons organisés dans la Corse pour le maintien de la tranquillité de cette ile. Alors ils se séparèrent et se revirent avant et après la prise de Toulon.

L'arrestation de Bonaparte au 9 Thermidor causa les plus vives alarmes à Mme D***; ce fut en partie aux sollicitations de cette tendre amante qu'il dut sa liberté, et son grade de général de brigade qu'on lui rendit au bout de quinze jours de détention ; mais il fallut bientôt se séparer de nouveau, et Mme D***, ne voulant pas être un obstacle à la fortune de Napoléon, n'insista point pour le retenir auprès d'elle.

Vainqueur d'Oneille, du Col-de-Tende et de Cairo, il revient à Paris, et consacre à Mme D*** les courts instants que lui laissent par intervalles ses nombreuses occupations.

Au bout de quelque temps, abreuvé de dégoût par M. Letourneur qui venait de remplacer M. de Pontécoulant au ministère de la Guerre, il fut sur le point d'offrir ses services à la Porte : Mme D*** le détourna de ce projet.

Ce fut seulement dans ces circonstances qu'il

connut Mme de Beauharnais. Les avantages qu'il crut pouvoir retirer de l'influence de cette femme sourirent à son ambition : il n'hésita pas à lui sacrifier pour toujours Mme D***.

Le chagrin s'empara de cette infortunée; elle mourut à Paris, consumée de regrets, à l'âge de 37 ans, le jour même où son amant faisait, pour la seconde fois, son entrée triomphale dans le Caire.

LETTRE I

Valence, le 9 mai 1790.

Alphonse (1), tu ne m'as pas trompé : j'ai vu madame D***, et je doute en effet qu'il y ait sous le ciel une beauté plus parfaite.

Je fus chez elle dans la soirée d'hier : je comptais t'y trouver ; mais elle m'apprit qu'on venait de te mettre aux arrêts pour trois jours.

J'ai causé longtemps avec cette charmante personne : elle a de l'esprit, chose assez rare parmi nos Valentinoises, et je serais tout disposé à lui faire ma cour, si elle n'était pas mariée. Cette considération ne t'arrêterait pas, toi ; car, en pareil cas, un mari est un faible obstacle à tes yeux ; mais moi, c'est différent, je crains le scandale, et

---

(1) *Cette lettre était parmi les suivantes. On n'a pu nous donner aucun renseignement sur cet Alphonse.*

M. D*** étant d'une jalousie extrême, il y en aurait évidemment, s'il me voyait quatre fois chez lui.

Cependant il a eu la politesse de m'inviter à une partie de campagne, ce qui est un bon augure ; j'ai accepté à condition que tu serais des nôtres.

J'irai te voir ce soir, à mon retour du Polygone, et nous nous entendrons sur tout cela.

BONAPARTE, Lt.

LETTRE II

Valence, le 12 mai 1790.

Madame,

Je me souviendrai long-temps de l'indiscrétion de M. Alphonse.

Veuillez, je vous en conjure dans votre intérêt comme dans le mien, brûler la lettre que je lui ai écrite et qu'il a eu l'imprudence de vous remettre. Je sais qu'elle ne contient rien qui puisse vous compromettre auprès de votre époux ; mais l'épithète de jaloux ne plaît pas à tout le monde, et je crains fort qu'elle ne me soit échappée en parlant de M. D***, ce qui pourrait me nuire dans son esprit, si cette lettre tombait entre ses mains.

J'aurai l'honneur de vous aller prendre demain à onze heures, ainsi qu'il a été convenu, et de vous accompagner à Mont!***; mais je dois vous prévenir, à mon grand regret, qu'étant de service cette semaine, je ne pourrai demeurer avec vous que jusqu'à cinq heures du soir.

Agréez, je vous prie, Madame, mes salutations les plus affectueuses.

BONAPARTE, L^t.

LETTRE III

14 mai

Il faut avouer, Madame, que votre mari est un singulier homme, Quel scène ! et cela à propos de rien. Vous êtes bien à plaindre !

D'après ce qui s'est passé, je ne puis retourner chez vous ; cependant je sens plus que jamais le besoin de vous voir. Si j'étais certain d'être aimé, je n'hésiterais pas à vous proposer un rendez-vous.

Vers le milieu et sur la gauche du polygone est un petit sentier qui aboutit à un moulin ; près de là, un chemin coupe un bouquet de bois, dont la partie touffue domine une vaste prairie que borne la route de Valence à Lyon. J'y serai demain depuis cinq heures du soir jusqu'à la nuit. Si un heureux hasard vous faisait diriger vos pas de ce côté, je vous dirais bien des choses qu'il m'est impossible de vous écrire.

Recevez de nouveau, Madame, l'assurance de ma plus vive affection.

BONAPARTE.

LETTRE IV

du 16, 7 heures du matin.

Madame,

J'ai vainement attendu hier jusqu'à neuf heures du soir autour du petit bois que je vous avais indiqué. Il paraît que je m'étais abusé sur vos sentimens à mon égard, et que l'intérêt que vous m'avez témoigné, lors de notre dernière entrevue, n'était point une émanation de l'amour. Cette cruelle pensée m'a occupé toute la nuit, et il était grand jour que je n'avais pas encore fermé les yeux.

Je vous supplie, Madame, de fixer mon incertitude Suis-je aimé ? vous n'avez qu'un seul mot à répondre ;

mais, par pitié, ne le différez pas ! ne craignez point de m'affliger par un aveu contraire à mes désirs, car je me sens assez de courage pour supporter le coup qui pourrait détruire la plus belle illusion de ma vie.

Bonaparte.

LETTRE V

Valence, le 17 mai 1790.

Votre silence prouve, Madame, que je vous suis tout-à-fait indifférent : il faut donc que je renonce à vous. Cette idée me brise le cœur.

Oh ! que j'en veux à Alphonse de m'avoir entraîné chez vous ! J'étais tranquille avant de vous connaître, et, depuis que je vous ai vue, je n'ai pas goûté une heure de repos.

Il faut absolument que je sorte de cette terrible situation ; mais je ne vois qu'un moyen, c'est de quitter Valence. Eh bien, je l'adopte ; et demain, ce soir même, je vais demander la permission d'aller passer quelques mois en Corse. Pendant mon absence, le régiment de La Fère pourra changer de garnison, et je n'aurais pas la douleur de reparaître dans cette ville. Puisse le temps effacer vos traits de ma mémoire !

Cette lettre, Madame, est la dernière que vous recevrez de moi.

BONAPARTE.

LETTRE VI

Du 18.

Vous m'aimez donc, madame ! ah ! que votre bouche vienne me confirmer cet aveu ! et je serai le plus heureux des hommes.

Ma lettre, dites-vous, vous a fait répandre des larmes ! que je m'en voudrais de l'avoir écrite, si je ne lui étais redevable de ces mots que j'ai baisés mille fois !

Vous me reprochez de vous avoir traité d'indifférente ! ah ! Madame, que devais-je penser de votre silence ! pouvais-je soupçonner que vous fussiez absente ? vous m'eussiez épargné bien des tourmens en me faisant prévenir en secret de votre départ pour Loriol !

Je serai de bonne heure au rendez-vous : ne vous faites pas attendre, car chaque minute que j'y passerai sans vous sera pour moi un siècle d'anxiété.

Tout à vous.

BONAPARTE.

LETTRE VII

22 mai.

Je désirerais, ma chère amie, que vous pussiez vous dispenser d'une confidente. Les femmes sont généralement peu discrètes sur les actions de leurs maîtresses, et je ne serais pas surpris si le public était bientôt instruit de nos relations par Justine elle-même. Je crois pourtant qu'elle vous est fort attachée ; mais je crois aussi que vous ferez bien de lui confier que ce que vous ne pourrez lui cacher.

Je serai à dix heures précises au petit bois.

Tout à vous.

BONAPARTE, L.

LETTRE VIII

31 mai.

Je ne puis aller demain à Saint-Perray, ma bonne amie ; car, hier, en vous quittant, le capitaine M*** m'a enjoint de garder les arrêts pour huit jours, et cela pour une peccadille : je me souviendrai de lui.

Tâchez de trouver un bon prétexte auprès de M. D*** pour vous absenter dans la soirée. Je serai seul à huit heures.

Mille baisers.

BONAPARTE.

LETTRE IX

12 juin 1790.

J'apprends avec transport, ma bonne amie, que M. D*** s'est enfin déterminé à partir seul pour Marseille. Je craignais qu'il n'exigeât que vous fissiez avec lui ce voyage : j'en eusse été désolé.

Nous allons donc être heureux pendant quinze jours ! Quinze jours ! c'est bien peu pour deux amans ; mais la certitude de les passer sans contrainte est beaucoup.

Dès qu'il sera parti, faites-moi prévenir par Justine, et chargez la de me dire où nous devons nous revoir.

Mille baisers.

BONAPARTE.

LETTRE X

14 juin 1790.

Il suffit donc de craindre une chose pour qu'elle arrive ! Hier, chère V***, après vous avoir écrit, je pressentais que ce diable d'homme reviendrait sur sa résolution, et qu'il finirait par vous entraîner à Marseille.

Cette nouvelle m'accable. Que je vais souffrir pendant votre absence ! Prolongez-la le moins qu'il vous sera possible.

Quelle horrible chose qu'une séparation quand on aime aussi tendrement que je vous aime ! Ah ! que ne m'est-il permis du moins de vous presser sur mon cœur avant votre départ ! mais il est si prochain qu'il ne me laisse pas le temps de vous exprimer mes regrets.

Adieu donc, chère V*** ! écris-moi aussitôt que tu seras arrivée, et dis-mois comment je pourrai te faire parvenir mes lettres.

Je t'embrasse un million de fois.

BONAPARTE.

LETTRE XI

Valence, le 24 juin 1790.

L'arrestation de votre mari ne me surprend pas, ma chère amie, car je sais qu'il a la manie de se mêler de tout; ce qui est fort dangereux dans les momens où nous sommes. Le voilà donc en prison, et Dieu sait quand il en sortira.

Cet événement va vous tenir là-bas très long-temps, car il serait indécent d'abandonner M. V*** dans une circonstance aussi difficile pour revenir auprès de moi. Vous lui devez des soins, des consolations : je vous engage à lui en prodiguer. C'est à moi d'aviser au moyen de vous revoir. Je vais demander un congé de trois mois; si je puis l'obtenir, j'irais en passer un à Marseille et les deux autres à Ajaccio, auprès de mes parens.

En attendant, ne vous inquiétez pas, et comptez toujours sur ma tendresse.

BONAPARTE.

LETTRE XII

Valence, le 10 juillet 1790.

MA CHÈRE AMIE,

Votre impatience n'égale point la mienne : je l'attends bien vivement aussi cette permission ; elle ne peut tarder ; encore quelques jours, et je serai dans vos bras.

Ne négligez rien pour obtenir la liberté de votre mari : les affaires prennent une tournure si alarmante, que je ne serais pas étonné si sa tête tombait bientôt sur l'échafaud.

Je pourrai, lorsque je serai à Marseille, unir mes efforts aux vôtres pour l'arracher de son cachot ; mais, d'ici là, faites agir dans ce but toutes les personnes qui s'intéressent à lui.

Je partirai à l'instant même où je recevrai ma permission.

Tout à vous.

BONAPARTE.

LETTRE XIII

Valence, le 14 juillet 1790.

Ma chère amie,

Le ministre de la guerre a refusé la permission si désirée. S. E. prétend qu'en ces momens de troubles, il ne peut délivrer des congés aux officiers dévoués à la patrie. S'il m'est glorieux de passer pour tel, il m'est aussi bien pénible de renoncer par ce motif aux douces jouissances que je m'étais promises.

Esclave de mes devoirs, je dois respecter la volonté du ministre, quelque cruelle qu'elle soit pour mon cœur : n'augmentez pas les regrets qui le déchirent par l'expression de ceux que va vous causer cette nouvelle.

La captivité a-t elle cessé pour votre mari ? Dans le cas contraire, présentez-vous chez M. S***, et remettez-lui la lettre que je joins à celle-ci. Ce magistrat a la plus grande influence à Marseille : peut-être parviendra-t-il à sauver M. D*** ; je le désire bien sincèrement.

Ecrivez-moi le résultat de ces démarches ; mais abstenez-vous de me dépeindre la douleur que vous pourrez éprouver en recevant cette lettre ; car il serait possible qu'une missive trop passionnée me fît prendre une détermination contraire à une décision qui me désespère.

Votre meilleur ami.

BONAPARTE.

LETTRE XIV

Du 18 juillet.

Il y a trop de contrainte dans votre lettre, Madame ; je désirais de la résignation et non de la froideur. Auriez-vous déjà changé à mon égard ? Cette idée est affreuse... Je vais prier mon colonel de me permettre une absence de huit jours : s'il y consent, je pars pour Marseille, et je saurais bientôt à quoi m'en tenir.

BONAPARTE.

LETTRE XV

Marseille, 23 juillet, 7 heures du matin.

Vou êtes une ingrate, une parjure, Madame, et votre conduite avec M. de L*** est infâme.

Il serait inutile de m'adresser des excuses : renoncez à moi pour toujours.

BONAPARTE.

LETTRE XVI

"Valence, le 30 juillet 1790.

Je veux bien, Madame, par un reste d'intérêt, écouter la confidence que vous avez à me faire; mais je vous déclare que je prétends qu'elle ait lieu de jour et non de nuit, car j'ai besoin de voir votre maintien pour juger de la sincérité de vos discours. Veuillez donc me faire dire l'heure à laquelllle vous pourrez vous trouver à l'endroit appelé *l'Épervière*, que le premier venu pourra vous indiquer, dans le cas où il ne serait point connu de vous : je le choisis parce qu'il n'a pas été témoin de mon amour, et que je ne veux rien voir autour de moi qui puisse me rappeler des instans que j'ai eu le bonheur d'effacer de mon souvenir.

Je dois vous prévenir, afin de vous épargner une démarche inutile, qu'avant de quitter Marseille, j'ai recueilli des faits que vous ne sauriez excuser ni désavouer.

BONAPARTE.

LETTRE XVII

31 juillet.

Vous persistez donc dans votre résolution, V*** ? Eh bien, à trois heures précises, je serais à l'*Épervière*. Je m'y rendrai par le chemin de Soyon à Valence; vous, tâchez d'y arriver par les prairies, afin d'échapper aux regards des promeneurs.

BONAPARTE.

LETTRE XVIII

1ᵉʳ août.

Il est une chose, V***, que vous n'avez point justifiée, c'est la visite que vous fîtes à M. de L***, après la mort de votre mari. Vous n'aviez plus besoin alors de la protection de ce magistrat. Qu'alliez vous donc faire chez lui ? Ah ! le remercier peut être d'avoir laissé mourir M. D*** dans son cachot, tandis que, d'un seul mot, il eût pu le sauver.

Avouez Madame, que cette démarche doit me paraître très-suspecte, après ce qu'on a répandu sur votre compte et sur le sien. Je désire que vous puissiez me l'expliquer; jusque-là, je ne veux ni ne dois vous revoir.

BONAPARTE.

LETTRE XIX

Ce 3 août.

Je sens bien qu'il faut que je cède : allons, V***, je te crois innocente, et je te rends tout mon amour : puisses-tu ne pas abuser de ma confiance. J'irai ce soir aux *Baumes;* mais je ne pourrai y demeurer plus de deux heures. Nous nous réunirons sur le coteau et dans le même lieu où nous nous arrêtâmes il y a deux mois. Tu suivras le chemin de Faventine, et j'irai te rejoindre par un sentier qui traverse la petite plaine à gauche de la route de Valence à Marseille. Evite les maisons qui sont au pied du coteau : elles sont ordinairement le rendez-vous de nos canonniers et des jeunes filles des environs. D'après les soupçons qu'on a de notre intimité, nous ne saurions prendre assez de précautions.

A quatre heures.

BONAPARTE.

LETTRE XX

Paris, le 28 novembre 1790.

Je ne puis m'absenter de toute la journée, ma bonne amie ; mais demain, je serais chez toi, de très bonne heure. Point d'impatience et beaucoup de discrétion, car un seul mot de ta part pourrait me perdre dans l'esprit des personnes qui me protègent.

A demain.

Tout à toi.

BONAPARTE.

LETTRE XXI

2 décembre.

Tu te trompes, ma bonne V***, je t'aime toujours; mais je ne puis te consacrer tous mes instans.

Tu crains, me dis-tu, que je ne te sacrifie à une rivale ! Je t'assure que je n'ai point cette intention. Je vais fréquemment en effet chez madame B***; mais c'est un motif bien étranger à l'amour qui m'y attire. Sois donc sans inquiétude sur mon compte, et aie un peu plus de confiance en ma fidélité.

Viens me voir demain à une heure après-midi. Je serai seul et entièrement à toi.

BONAPARTE.

LETTRE XXII

3 janvier 1791.

Tu as commis une grande imprudence, ma bonne amie, en venant demander à Pedrino le nom des personnes qui se réunissent chez M. Paoli. Une femme de la maison a entendu quelques mots de votre entretien et les a rapportés au général : heureusement on t'a prise pour un émissaire politique, car cette femme n'a pu dire ton nom.

A l'avenir, abstiens toi, je t'en supplie, de pareilles inconséquences ; songe que la moindre pourrait amener une explication fort désagréable pour nous.

J'irai chez toi demain à cinq heures du soir.

BONAPARTE.

LETTRE XXIII

17 avril 1791.

Si je ne te vois pas aussi souvent que mon cœur le désire, ma bonne V***, c'est que je m'occupe avec M. Paoli d'un travail important sur la Corse. Lorsqu'il sera terminé, j'aurai plus de temps à moi, et je te consacrerai chaque jour plusieurs heures ; mais, jusque-là, cesse de m'adresser des plaintes : elles m'inquiètent et me détournent d'un ouvrage qui exige d'autant plus de soins, qu'il est destiné à éclairer le gouvernement sur l'état actuel de cette île.

J'irai te voir néanmoins, dans l'intervalle, autant de fois qu'il me sera possible ; mais je t'en conjure, ne m'attends pas d'ici la semaine prochaine.

Toujours à toi.

BONAPARTE.

LETTRE XXIV

22 mai.

Je n'ai jamais recours au subterfuge, ma chère V*** : si j'étais dans l'intention de rompre avec toi, je te le dirais franchement.

Mon départ pour la campagne de M. M*** ne cache aucun mystère qui puisse alarmer ta tendresse ; mais j'exige que tu ne t'informes de moi nulle part durant mon absence : j'ai failli être compromis quatre fois par ton imprudence ; c'est assez.

Je t'écrirai pendant mon séjour à N*** ; si tu veux me répondre, adresse tes lettres poste restante.

Je t'embrasse de tout mon cœur. Adieu.

BONAPARTE.

LETTRE XXV

N***, 11 juin.

Urbain m'a assuré que tu étais hier au soir avec Justine au bout du parc de M. de M***. Quelle étourderie! il y a ici trois personnes qui te connaissent; juge dans quel embarras tu pouvais me jeter, si l'une d'elles t'eût rencontrée.

Si c'est un excès d'amour qui t'a portée à faire une telle action, il serait à souhaiter que tu m'aimasses un peu moins.

Nous serons de retour à Paris le 20 de ce mois.

BONAPARTE.

LETTRE XXVI

23 juin.

Je suis connu à Vincennes de plusieurs officiers de la garnison de cette place : allons plutôt à Saint-Cloud, où je ne suis connu de personne. Je serai à midi dans le *Petit Hôtel de Paris*, situé sur la gauche de la route, et à trente pieds du pont.

BONAPARTE.

LETTRE XXVII

14 juillet.

Je serais moins circonspect, ma bonne amie, si tu avais plus de prudence. Sois donc raisonnable, et cesse de m'accuser d'indifférence, lorsque je te prescris des précautions que tu devrais me prescrire toi-même.

Je t'attendrais chez moi à huit heures du soir.

BONAPARTE.

LETTRE XXVIII

29 juillet.

Tu feras bien, ma bonne V***, d'aller passer un mois à la campagne de madame Denis : tu y retrouveras sûrement la santé.

Lorsque tu y seras, donne-moi souvent de tes nouvelles, et veille bien à ce que les lettres que je pourrai t'écrire ne tombent pas en des mains étrangères.

Ne parle pas de moi à madame Denis que tu connais à peine, et n'aie pas d'autre confidente que Justine.

J'irai te voir pour peu que mes occupations me permettent de m'absenter de Paris, et je te préviendrai exactement, la veille, de l'heure à laquelle je compterai arriver le jour suivant. Choisis un endroit où nous puissions nous entretenir sans témoins et à l'abri de toute surprise, et désigne-le moi dans ta prochaine lettre.

Ta situation n'a rien d'alarmant ; ne t'en inquiète donc pas, et sois enfin convaincue de la fidélité de l'ami le plus tendre.

BONAPARTE.

LETTRE XXIX

Ce 12 août.

J'apprends avec douleur, ma bonne amie, que ta santé ne s'améliore pas. Je serai demain à onze heures sous les peupliers que tu m'as indiqués, et je passerai le reste de la journée auprès de toi.

Mille baisers.

BONAPARTE.

LETTRE XXX

18 août.

Tu as tort de t'affliger ainsi, ma chère V***, car huit jours suffiraient pour ta guérison, si tu pouvais bannir de ton esprit les chimères que tu sembles te plaire à y entretenir.

Tâche de trouver un prétexte auprès de madame Denis pour t'absenter quelques heures dans la journée de demain. Tu me trouveras à midi dans la grande allée des peupliers.

Mille baisers.

BONAPARTE.

LETTRE XXXI

Ce 26 août.

Demain, ma bonne amie, je ne sortirai pas ; mais je désirerais que tu ne vinsses qu'à la nuit, car je crains d'avoir quelqu'un dans la journée. Toutefois je ferais en sorte d'être seul après quatre heures du soir.

Tout à toi.

BONAPARTE.

LETTRE XXXII

29 août.

Quel est donc cet officier, V***, qu'Urbain a trouvé chez toi ce matin? J'ai la plus grande confiance en ta fidélité : n'en abuse pas. Je ne suis point jaloux ; mais je ne saurais supporter une perfidie de la femme que j'aime.

Urbain attendra ta réponse.

BONAPARTE.

LETTRE XXXIII

Ce 30 août.

Ah ! c'est l'amant de madame Denis ! Eh ! qu'avait-il à faire chez toi ? Serais-tu la confidente de madame Denis ? Il n'y aurais pas grand mal à cela ; mais, comme une confidence en prescrit naturellement une autre de la part de la personne qui la reçoit, il est à craindre que cette dame ne soit déjà initiée dans notre secret.

Donne-moi l'adresse de l'officier, et je saurai bientôt ce qui en est.

Documents manquants (pages, cahiers...)
NF Z 43-120-13

www.ingramcontent.com/pod-product-compliance
Lightning Source LLC
Chambersburg PA
CBHW060119170426
43198CB00010B/958